종합 비즈니스
중국어회화

이영철 저

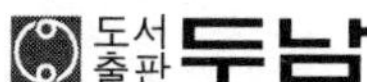

머리말

본 교재는 저자가 다년간의 대학교 교육에서 얻은 현장 경험과 아이디어, 그리고 중국에서 발간된 여러 교재를 참조하여 한국 대학교의 중문학과 비즈니스 중국어 교육과정에 알맞게, 그리고 대학생들의 실제 중국어 수준에 잘 어울릴 수 있도록 만든 책이다.

이같은 취지에서 본 교재는 중국을 상대로 비즈니스를 하려는 한국 대학생들을 위해 비즈니스 과정과 관련된 전반적인 내용을 종합적으로 포함하고 있다. 이러한 구상을 바탕으로 종합적인 비즈니스 내용을 중국어 회화형식으로 알기 쉽게 엮어 학습자들의 종합적인 의사소통 능력의 배양이라는 데에 중점을 두고 기획하였다.

아울러 문형 연습과 훈련을 통해 비즈니스와 관련된 내용들을 자세하게 학습하고 훈련할 수 있도록 예문을 통해서도 스스로 자습할 수 있도록 했다. 또한 대학생들의 중국어 수준에 맞게 도움을 주기 위해 다양한 내용이 들어 있는 독해(阅读)문장을 과목당 두 편씩 포함시킴으로서 반복 학습을 통해 대학생들의 읽기 수준과 중국에 대한 시야를 넓혀 빠른 시간 내에 중국을 이해하는 데에도 도움을 주려고 시도를 했다.

비록 본 교재가 대학 교재용으로 쓰이는 것이 주요 목적이지만, 비즈니스를 위해 중국에 진출하려는 분들이 짧은 시간 내에 비즈니스 관련된 종합적인 내용과 중국의 특징을 이해하는 데에도 아주 유용할 것으로 기대한다.

이 책에 수록된 종합 비즈니스 중국어회화 표현과 독해 문장들이 중국과의 비즈니스는 물론 이 방면에 관심을 갖고 중국어를 공부하고 있는 모든 분들에게 조금이라도 도움이 되길 바라면서 앞으로 여러분들의 학습과 사업에 무궁한 발전이 있기를 기원하는 바이다.

끝으로 본 본 교재의 출판을 위해 적극적으로 도와주신 도서 출판 두남 이승구 상무님의 노고에 깊은 감사를 드린다.

저자 이영철

차례

◎ 부록

商务会见

비즈니스의 만남

첫 만남을 통해 천강사장은 조종근 회장을 비롯한 일행들을 알게 되었다. 서로 인사를 나누고 명함도 교환하면서 일정에 따라 구체적인 합작방안과 판매대리 문제 등에 대해 협상을 하게 된다. 그리고 멀리서 오신 귀빈들을 환영하는 연회에서는 안부는 물론 미래의 무역합작을 미리 축원하는 의미에서 건배도 하게 된다.

商务会见: 비즈니스의 만남

Dialogue 1 _ 첫 만남

A: 首先让我来介绍一下我们公司参加会议的人。这位是我们公司的陈刚总经理，那位是销售部的张科长。

B: 你好，陈总。你好，张科长。我是赵钟根，这位是我的秘书，叫金兰。很高兴认识你们。

A: 幸会，幸会！见到你们很高兴。这是我的名片，请多多指教。

B: 不敢，不敢！这是我的名片，以后也请你们多多指教。

A: 今天的天气真不错呀，昨天还是个雨天。谢谢你们给我们带来了这么好的天气。

B: 是吗?那太好了。这说明我们有缘份啊，今后的合作一定会很顺利。

A: 希望如此。赵会长，现在我们就开始吧，按照日程安排，今天是第一次会谈，要谈的内容可不少啊。

B: 是啊，我们得好好儿谈一谈具体的合作方案及销售代理等问题吧。

A: Shǒuxiān ràng wǒ lái jièshào yíxià wǒmen gōngsī cānjiā huìyì de rén. Zhèwèi shì wǒmen gōngsī de chéngāng zǒng jīnglǐ, nà wèi shì xiāoshòu bù de zhāng kē zhǎng.

B: Nǐ hǎo, chén zǒng. nǐ hǎo, zhāng kē zhǎng. Wǒ shì zhàozhōnggēn, zhè shì wǒ de mìshu, jiào jīnlán. Hěn gāoxìng rènshi nǐmen.

A: Xìng huì, xìng huì! jiàn dào nǐmen hěn gāoxìng zhè shì wǒ de míngpiàn, qǐng duōduō zhǐjiào.

B: Bù gǎn, bù gǎn zhè shì wǒ de míngpiàn, yǐhòu yě qǐng nǐmen duōduō zhǐjiào!

A: Jīntiān de tiānqì zhēn búcuò ya, zuótiān háishì gè yǔtiān. Xièxiè nǐmen gěi wǒmen dài láile zhème hǎo de tiānqì.

B: Shì ma? nà tài hǎole zhè shuōmíng wǒmen yǒu yuán fèn a, jīnhòu de hézuò yīdìng huì hěn shùnlì.

A: Xīwàng rúcǐ. Zhào huì zhǎng, xiànzài wǒmen jiù kāishǐ ba, ànzhào rìchéng ānpái, jīntiān shì dì yī cì huìtán, yào tán de nèiróng kěbù shǎo a.

B: Shì a, wǒmen děi hǎohǎo er tán yī tán jùtǐ de hézuò fāng'àn jí xiāoshòu dàilǐ děng wèntí ba.

Dialogue 2 _ 연회에서

A: 欢迎，欢迎！欢迎您率团访问上海，访问我公司。

B: 非常感谢您的邀请，使我们有幸能够来到中国，来到上海，亲身体验和感受你们日新月异的发展变化。

A: 不用客气。希望你们在上海期间过得愉快。怎么样，昨天休息得好吗?

B: 很好。我们到上海以后，您的同事给予了我们热情周到的照顾，使我们感到宾至如归。

A: 那太好了。请入席吧，我给你们接风洗尘。

B: 陈总在百忙中设宴款待我们，使我们倍感荣幸。

A: 哪里哪里。热情好客是我们中国人的传统。来，让我们举杯为我们的友谊与合作干杯！

B: 也预祝我们的贸易合作顺利，干杯！

A: Huānyíng, huānyíng huānyíng nín shuài tuán fǎngwèn shànghǎi, fǎngwèn wǒ gōngsī.

B: Fēicháng gǎnxiè nǐ de yāoqǐng, shǐ wǒmen yǒuxìng nénggòu lái dào zhōngguó, lái dào shànghǎi, qīnshēn tǐyàn hé gǎnshòu nǐmen rìxīnyuèyì de fā zhǎn biànhuà.

A: Búyòng kèqì xīwàng nǐmen zài shànghǎi qíjiānguò dé yúkuài. zěnme yàng, zuótiān xiūxí dé hǎo ma?

B: Hěn hǎo, wǒmen dào shànghǎi yǐhòu, nǐ de tóngshì jǐyǔle wǒmen rèqíng zhōudào de zhàogù, shǐ wǒmen gǎndào bīnzhìrúguī.

A: Nà tài hǎole qǐng rùxí ba, wǒ gěi nǐmen jiēfēng xǐchén.

B: Chén zǒng zài bǎi mángzhōng shè yàn kuǎndài wǒmen, shǐ wǒmen bèi gǎn róngxìng.

A: Nǎlǐ nǎlǐ. Rèqíng hàokè shì wǒmen zhōngguó rén de chuántǒng. Lái, ràng wǒmen jǔ bēi wèi wǒmen de yǒuyì yǔ hézuò gānbēi!

B: Yě yù zhù wǒmen de màoyì hézuò shùnlì, gānbēi!

生词 New Words

总经理 zǒngjīnglǐ사장, 총지배인
销售部 xiāoshòubù 영업부, 판매부
幸会 xìnghuì 만나 뵙게 되어 기쁩니다
指教 zhǐjiào 가르침, 가르치다, 지도하다
雨天 yǔtiān 우천, 비가 오는 날
缘份 yuánfèn 인연, 연분
如此 rúcǐ 이러하다, 아와 같다
按照 ànzhào …에 따라, …대로, …에 비추어
会谈 huìtán 회담, 회담하다
方案 fāng'àn 계획, 방안, 설계도
率 shuài 인솔하다, 경솔하다, 거느리다, 신중하지 않다, 따르다
访问 fǎngwèn 방문, 방문하다, 물어서 찾다
邀请 yāoqǐng 초청, 초청하다, 초대하다
使 shǐ (…에게)…하게 하다, …시키다
亲身体验 qīnshēntǐyàn 몸소 체험하다
感受 gǎnshòu (영향을) 받다[감수하다], 인상, 느낌, 체득, 체험, 감상
日新月异 rìxīnyuèyì 나날이 새로워지다, 발전이 매우 빠르다, 진보가 빠르다
愉快 yúkuài 기쁘다, 유쾌하다, 기분이 좋다
同事 tóngshì 동료, 동업자, 함께 일하다
给予 jǐyǔ 주다, 베풀다
周到 zhōudào 빈틈없다, 주도하다, 꼼꼼하다
照顾 zhàogù 고려하다, 주의하다, 돌보다
宾至如归 bīnzhìrúguī 제집에 돌아온 것 같이 마음 편한 대접을 받다
接风洗尘 jiēfēngxǐchén 멀리서 온 손님에게 식사를 대접하다, 환영회를 열다
好客 hàokè 손님 접대를 좋아하다, 손님을 좋아하다
设宴 shèyàn 주연을 베풀다, 연회를 베풀다
款待 kuǎndài 환대하다, 정성껏 대접하다
倍感荣幸 bèigǎnróngxìng (매우) 영광스러움을 더욱더[각별히] 느끼다
预祝 yùzhù 예축하다, 축원하다, 미리 축하하다

阅读一 비즈니스의 만남과 테크닉 (商务会见与技巧)

商务交往中经常有会见活动。而在会见中只有既讲实在，又讲究艺术，才能够取得会见的最佳效果，特别要注重一些会见礼仪与技巧，如问候时最好指名道姓；若对方没请你坐下，你最好站着；请不要急于出示你随身带的资料、书信或礼物等。

要学会听的艺术。听有两个要求，首先要给对方留出讲话的时间，其次要听"听话听音"。如对方首先讲话，你不可以打断对方。应做好准备，以便利用恰当的时机给对方以响应，鼓励对方讲下去。另外，要避免不良的动作和姿态。玩弄手中的小东西，用手不时地理头发、搅舌头，清牙齿，掏耳朵，盯视指甲、天花板或对方身后的字画等，这些动作都有失风度。

词语

交往 jiāowǎng 왕래, 내왕, 교제
实在 shízài 진실하다, 성실하다
讲究 jiǎngjiù 주의하다, 강구하다, 따져볼 만한 것
最佳 zuìjiā 최적이다, 가장 적당하다
注重 zhùzhòng 중시하다
技巧 jìqiǎo 기교, 테크닉, 무술
指名道姓 Zhǐmíng dàoxìng 지명하다, 이름을 똑똑히 대다
急于 jíyú 급히 서둘러 …을 하려고 하다, …에 급급하다, …하려고 급히 서두르다
留出 liúchū 남겨 놓다
其次 qícì 다음, 그다음, 부차적인 위치
打断 dǎduàn 끊다, 자르다, 끊어 버리다
以便 yǐbiàn 하도록, …하기 위하여, …하기 위해서
恰当 qiàdàng 알맞다, 적절하다, 적당하다
响应 xiǎngyìng 호응, 응답, 공명
姿态 zītài 자태, 모습, 태도
玩弄 wánnòng 희롱하다, 가지고 놀다, 쓰다
搅 jiǎo 휘젓다, 뒤섞다, 방해하다
盯视 dīngshì 주시하다, 응시하다
天花板 tiānhuābǎn 천장판, 천장널
风度 fēngdù 풍격, 훌륭한 태도, 풍모

阅读二 한담하다(聊天)

在现代汉语辞典里对聊天解释为: 闲谈, 即空闲的时候说说话。即使是生意人在一起也不会总是谈工作, 人们常常会在一起聊天。大部分人可能会聊天气, 这也是最传统的聊天, 但是也有人会聊别的事。

中国不同地方的人喜欢聊天的话题也不一样。北京人比较喜欢聊大事, 国家大事, 世界大事, 政治大事, 经济大事; 上海人喜欢聊赚钱, 聊股票, 聊房地产, 跟钱有关系的他们都喜欢聊；成都人喜欢聊怪事, 人的怪事, 动物的怪事, 聊起来都好像是真的。当别人聊的时候, 你最好注意听, 聊天的人不会真的忘记工作, 他们只是想让自己别那么紧张。

词语

辞典 cídiǎn 사전
生意人 shēngyìrén 장사하는 사람, 장사꾼, 예인
总是 zǒng shì 늘, 반드시, 꼭
天气 tiānqì 일기, 날씨, 시간
聊天 liáotiān 한담하다, 잡담을 하다, 이야기 하다
解释 jiěshì 해석하다, 해설하다, 변명하다
闲谈 xiántán 잡담, 한담, 한담하다
空闲 kòngxián 한가하다, 여가, 겨를
即使 jíshǐ 설령[설사] …하더라도[할지라도, 일지라도]
话题 huàtí 화제
股票 gǔpiào 증권, 주식
赚 zhuàn (이익을 남겨)벌다, 이윤, (돈을)벌다, 이윤을 얻다, 이익을 보다
怪事 guàishì 기괴한 일, 불가사의한 일, 괴상한 일
好像 hǎoxiàng 마치 …과 같다, 예컨대, 예를 들면
真的 zhēnde 참으로, 정말로, 진실로
忘记 wàngjì 잊어버리다, 소홀히 하다, 까먹다
紧张 jǐnzhāng 긴장해 있다, 불안하다, 바쁘다

pattern & drill

句型与训练

一. 문형연습

句型 1 让 동 ~하도록 시키다, ~하게 하다, ~하도록 내버려두다.

• 我不能让你这么做。
* 나는 너로 하여금 이렇게 하도록 할 수 없다.

개 ~에게[~에 의해](~당하다).

['被'의 용법과 같으며 구어(口语)에서는 '被'보다 더 많이 사용된다. 동사 앞에 '给'를 수반하여 당하는 일을 더욱 부각시키기도 한다. 한편 '被' 뒤에 가해자는 생략될 수 있으나 '让' 뒤의 가해자는 생략될 수 없다. 즉(行李(×让)被淋了.)]

• 我的行李让雨淋了。
* 내 짐은 비에 젖었다.

练习

在这里	让	我来介绍一下各位。
首先		金先生做一次示范。
我们公司的秘密		你们抄走了。
昨天的事故		赵经理知道了。

句型 2 及 접 및, 와, 과 [단어와 단어를 병렬하여 접속시킬 때 사용된다. 서면어(书面语)에서 주로 쓰이며 구어에서는 그다지 쓰이지 않는다. 중요한 요소가 '及'의 앞에 오며, 주로 '其'나 '其他'와 연용된다.]

• 电脑、复印机、打印机及其他。
* 컴퓨터, 복사기, 출력기 및 기타.

• 工作间的人员，设备及其环境。
* 작업장의 인원, 시설과 환경.

练习

你们公司的产品	及	其他设备。
产品的数量、价格		其，运输费用。
这件衣服的原材料		加工费用。

句型 3 **给予** 문어 주다, 베풀어 주다, 해주다. [피동·치지 따위의 뜻을 나타내는 문장의 술어 앞에 직접적으로 쓰여 어기를 강하게 한다.]

• 一旦发现问题，立即给予解决。
* 일단 문제를 발견하면, 곧 해결을 한다.

练习

大家对这件产品	给予	很高的评价。
贵公司		我们很大的帮助。
工作间停电，应立即		修复。

句型 4 **按照** 개 ~에 따라, ~대로, ~에 비추어, ~에 근거하여

• 按照预定的计划完成任务。
* 예정된 계획대로 임무를 완성하다.

练习

按照	日程安排，我们要进行第二步计划。
	公司规定加工该产品。
	国家要求引进先进技术。

二. 아래의 대화를 중국어로 완성하세요.

(1) A: 今天的天气怎么样?

B: ____________________

(오늘 날씨 정말 좋네요, 어제까지만 해도 눈이 내렸는데요.)

(2) A: ____________________

(회장님. 일정대로 1차 회담을 진행하는 게 어떻습니까?)

B: 好的，今天要进行的内容可不少啊!

(3) A: 昨天晚上休息得好吗?

B: ____

(덕분에 잘 휴식했습니다. 마침 제집에 온 것 같았습니다.)

(4) A: ____

(아주 바쁘신 데도 저희들을 초대해 주셔서 정말로 감사합니다.)

B: 哪里，哪里，这是我们应该做的.

三. 본문의 내용에 따라 아래의 질문에 중국어로 대답하세요.

(1) 第一次见面时，他们双方互相交换了什么?

(2) 第一次会谈的主要内容是什么?

(3) 客人们这次来上海亲身体验什么?

(4) 陈总为什么在百忙之中还设宴款待客人?

Exercise

练习

1. 상자 안에 주어진 단어 혹은 구를 사용하여 나음 문장을 완성하세요.

这么 | 过得 | 还是 | 感受 | 按照

(1) 今天的天气真不错呀，昨天________个雨天。

(2) 你们给我们带来了________好的天气。

(3) ________日程安排，今天进行第一次会谈。

(4) 我们亲身体验和________你们上海的变化。

(5) 希望你们在上海期间________愉快。

2. 주어진 단어들을 문법에 맞게 재배열하여 올바른 문장을 만드세요.

(1) 我们 | 给 | 谢谢 | 带来 | 好天气 | 你们 | 了 |

→ ________________________________

(2) 得 | 我们 | 谈一谈 | 方案 | 合作 | 好好儿 | 具体的 |

→ ________________________________

(3) 同事 | 热情的 | 给予了 | 您的 | 感谢 | 我们 | 照顾 |

→ ________________________________

(4) 好客 | 我们 | 热情 | 是 | 传统 | 的 | 中国 |

→ ________________________________

(5) 设宴 | 中 | 款待 | 我们 | 百忙 | 陈总 |

→ ________________________________

3. 아래에 주어진 단어나 구를 사용하여 문장을 만드세요.

(1) 如此________________________________

(2) 感受________________________________

(3) 周到________________________________

(4) 款待________________________________

商务考察

비즈니스 시찰

부동산 시세를 알아보기 위해 시장조사를 진행하게 된다. 부동산 시세가 오르내림을 반복하는 현재의 시장상황에서 시민들은 선택을 하지 못하고 그냥 관망만 하고 있는 것을 알게 된다. 그리고 쑤저우 공업단지내의 외국기업 투자 상황과 구체적인 중국정부의 특혜 정책들도 알아보게 된다.

商务考察: 비즈니스 시찰

Dialogue 1 _ 시장조사

A: 昨天的报纸上登出了一条消息，有一家著名的房地产开发商率先开始降价了。

B: 是吗?我觉得这是一个好兆头，说明中国的房地产泡沫已经开始破灭。

A: 可是报纸同时还登了另一个开发商的楼盘张价的消息。

B: 是的。现在的市场还很难说。中国的老百姓现在都在持币观望。

A: 对啦，听说，最近国家要出台新的房管政策，好像是一个家庭只允许拥有一个房子什么的。

B: 为了防止投机商的投机，国家也不会袖手旁观的。

A: 我认为中国房地产还有降价空间。上海是一个国际大都市，如果我们时机选择得好，应该说还有机会的。

B: 我同意。我建议我们明天去各个楼盘看一下，实地考察一下这里的销售情况。

A: 对，收集第一手资料，经过技术分析后提出我们的意见。

A: Zuótiān de bàozhǐ shàng dēng chūle yītiáo xiāoxī, yǒu yījiā zhùmíng de fángdìchǎn kāifā shāng shuàixiān kāishǐ jiàngjiàle.

B: Shì ma wǒ juédé zhè shì yīgè hǎo zhàotou, shuōmíng zhōngguó de fángdìchǎn pàomò yǐjīng kāishǐ pòmiè?

A: Kěshì bàozhǐ tóngshí hái dēngle lìng yígè kāifā shāng de lóupán zhāng jià de xiāoxi.

B: Shì de xiànzài de shìchǎng hái hěn nánshuō zhōngguó de lǎobǎixìng xiànzài dōu zài chí bì guānwàng.

A: Duì la, tīng shuō, zuìjìn guójiā yào chūtái xīn de fángguǎn zhèngcè, hǎoxiàng shì yīgè jiātíng zhǐ yǔnxǔ yǒngyǒu yígè fángzi shénme de.

B: Wèile fángzhǐ tóujī shāng de tóujī, guójiā yě bú huì xiùshǒupángguān de.

A: Wǒ rènwéi zhōngguó fángdìchǎn hái yǒu jiàngjià kōngjiān. Shànghǎi shì yígè guójì dà dūshì, rúguǒ wǒmen shíjī xuǎnzé dé hǎo, yīnggāi shuō hái yǒu jīhuì de.

B: Wǒ tóngyì wǒ jiànyì wǒmen míngtiān qù gège lóupán kàn yíxià, shídì kǎochá yíxià zhèlǐ de xiāoshòu qíngkuàng.

A: Duì, shōují dì yī shǒu zīliào, jīngguò jìshù fēnxī hòu tíchū wǒmen de yìjiàn.

Dialogue 2 _ 공업단지에서

A: 您能否给我们介绍一下苏州工业园区的外商投资情况?

B: 可以。在苏州工业园区投资的主要是高科技企业，其中世界500强企业在园区内投资了138个项目，投资上亿美元的项目有18个。

A: 请问，外商在园区投资有何税收优惠政策?

B: 有很多具体的优惠政策，其中值得一提的是高科技企业可以享受15%的企业所得税税率，并免征3%的地方税。

A: 这个听起来很诱人。除此之外，在整个投资环境上有什么与众不同之处?

B: 园区的投资环境可以说是首屈一指的。最重要的是园区设有世界一流的通关设备，真正意义上实现了"一次申报，一次检查，一次放行"。

A: 这一点很关键。非常感谢您的介绍。

A: Nín néng fǒu gěi wǒmen jièshào yíxià sūzhōu gōngyè yuánqū de wàishāng tóuzī qíngkuàng?

B: Kěyǐ. Zài sūzhōu gōngyè yuánqū tóuzī de zhǔyào shi gāo kējì qǐyè, qízhōng shìjiè 500 qiáng qǐyè zài yuánqū nèi tóuzīle 138 gè xiàngmù, tóuzī shàng yì měiyuán de xiàngmù yǒu 18 gè.

A: Qǐngwèn, wàishāng zài yuánqū tóuzī yǒu hé shuìshōu yōuhuì zhèngcè?

B: Yǒu hěnduō jùtǐ de yōuhuì zhèngcè, qízhōng zhídé yī tí de shì gāo kējì qǐyè kěyǐ xiǎngshòu 15%de qǐyè suǒdéshuì shuìlǜ, bìng miǎn zhēng 3%de dìfāngshuì.

A: Zhège tīng qǐlái hěn yòu rén chú cǐ zhī wài, zài zhěnggè tóuzī huánjìng shàng yǒu shén me yǔ zhòng bùtóng zhī chù?

B: Yuánqū de tóuzī huánjìng kěyǐ shuō shì shǒuqūyīzhǐ de zuì zhòngyào de shì yuánqū shè yǒu shìjiè yīliú de tōngguān shèbèi, zhēnzhèng yìyì shàng shíxiànle "yícì shēnbào, yícì jiǎnchá, yícì fàngxíng".

A: Zhè yìdiǎn hěn guānjiàn fēicháng gǎnxiè nín de jièshào.

生词 New Words

著名 zhùmíng 저명하다, 유명하다, 이름이 나다
率先 shuàixiān 앞장서다, 솔선하다, 제일 먼저
降价 jiàngjià 할인하다, 값을 내리다, 값이 내려가다
兆头 zhàotou 징후, 징조, 전조
泡沫 pàomò 포말, 거품
破灭 pòmiè 깨지다, 파멸하다, 없어지다
楼盘 lóupán (분양단지의) 매물
持币观望 chíbìguānwàng 돈을 가지고 관망하다[형편을 살피다]
出台 chūtái (정책이나 조치 등을) 공포하거나 실시하다
允许 yǔnxǔ 윤허하다, 허가하다, 응낙하다
投机 tóujī 투기(하다), 배짱이 맞다, 의기투합하다
袖手旁观 xiùshǒupángguān 수수방관하다, 남의 일에 관여하지 않다
空间 kōngjiān 공간, 우주 공간
实地 shídì 실지, 현지, 현장
能否 néngfǒu …할 수 있을까?, 여부
高科技 gāokējì 첨단 과학 기술
项目 xiàngmù 항목, 사항, 조목
有何 yǒuhé 무슨 …있을까?, 무엇이 있겠는가?
税收 shuìshōu 세수, 세수입
优惠 yōuhuì 수수료, 구전, 특혜의
值得 zhídé 값에 상응하다, 값이…할 만하다, …할 만한 가치가 있다
一提 yìtí 제기 할만한
享受 xiǎngshòu 향수, 누리다, 향수하다
所得税 suǒdéshuì 소득세
免征 miǎnzhēng 징수를 면제하다
诱人 yòurén 사람을 꾀다, 매력적이다
除此之外 chúcǐzhīwài 이밖에, 이것 이외에, 이외에
与众不同 yǔzhòngbùtóng 보통사람과 다르다, 남다르다, 남보다 뛰어나다
首屈一指 shǒuqūyìzhǐ 첫째, 제일, 으뜸

阅读一 쑤저우 공업단지(苏州工业园区)

苏州工业园区是中国和新加坡两国政府间的重要合作项目，1994年2月经国务院批准设立，同年5月实施启动，行政区划面积278平方公里，其中，中新合作区80平方公里，辖下四个街道，常住人口约80.78万。

2016年，园区实现地区生产总值2150亿元；进出口总额4903亿元、实际利用外资10.5亿美元；城镇居民人均可支配收入6.13万元，增长8.1%，人均GDP超过4万美元。经济运行呈现主要指标增长平稳、转型升级质效提升、发展动能加速转换的良好态势，综合发展指数、集约发展水平、质量效益指标居全国开发区前列。

词语

苏州 sūzhōu 쑤저우(중국 소주)
新加坡 xīnjiāpō 싱가포르
国务院 guówùyuàn 국무원, 국무성
园区 Yuánqū 단지, 구역, 지구
设立 shèlì 세우다, 설립하다, 설치하다
实施 shíshī 실시, 실시하다
启动 qǐdòng 시동하다, 놀라게 하다, 놀래다
区划 qūhuà 구획, 구분
辖下 xiáxià 관할하다
可支配收入 kězhīpèishōurù 가처분소득
呈现 chéngxiàn 나타나다, 나타내다, 양상을 띠다
指标 zhǐbiāo 지표, 목표, 그래프의 눈금
平稳 píngwěn 평온하다, 안정되어 있다, 편안하다
转型 zhuǎnxíng 사회 경제 구조·정치제도·가치관·생활방식 등에 변화가 일어나다
质效 zhìxiào 질적 효과
提升 tíshēng 진급시키다, 등용하다, 높은 곳으로 운반하다
动能 dòngnéng 운동 에너지
指数 zhǐshù 지수
集约 jíyuē 집약, 집약적이다

阅读二 이우 정보, 광케이블 첨단구역(义乌信息光电高新区)

2016年12月21日，为支持义乌市加强技术创新，提高自主创新能力，促进产业健康可持续和集群化发展，浙江省政府同意创建“义乌信息光电高新技术产业园区”，实行现有的省级高新技术产业区政策。

高新区规划面积143.25平方公里，实际可开发用地69.2平方公里，区位条件优越，生态环境优美。以光电为主攻方向，着力打造以半导体照明为主导，信息数据、先进装备制造、时尚服饰为特色的优势产业集群。同时，积极承接长三角等地区科技创新要素，培育和引进国外高等院校、科研院所、高层次科技创新人才。

词语

义乌 yìwū 이우(중국 절강성 이우시)
加强 jiāqiáng 강화하다, 보강하다
促进 cùjìn 촉진력, 촉진하다, 촉진시키다
持续 chíxù 지속하다, 계속 유지하다, 이어지다
创建 chuàngjiàn 창건하다, 창립하다, 창설하다
创新 Chuàngxīn 옛 것을 버리고 새 것을 창조하다, 창조성
集群 jíqún 무리를 이루다, 떼를 짓다, 대규모의 시장 조직망
光电 guāngdiàn 광전기
区位 qūwèi 위치, 지역
优越 yōuyuè 우월하다, 뛰어나다, 우량하다
优美 yōuměi 우미하다, 우아하고 아름답다, 우미
主攻 zhǔgōng 주공, [군사]주공격 하다
着力 zhuólì 힘을 쓰다, 애쓰다, 진력하다
打造 dǎzào 만들다, 제조하다, 창조하다
主导 zhǔdǎo 주도하다, 주도적인 것, 주도적인
数据 shùjù 데이터, 통계수치, 실험·설계·계획 등에 필요한 자료
时尚 shíshàng 당시의 풍조, 시대적 풍모, 유행
承接 chéngjiē 청부 맡다, 액체를 받다, 접속하다

pattern & drill

◎ 句型与训练

一. 문형연습

句型 1 值得 동 값에 상응하다, 값이 ~할 만하다, ~할 만한 가치가 있다.

• 东西好，价钱又便宜，值得买。
* 물건도 좋고, 값도 싸니 살 만하다.

练习

这些问题	值得	我们去研究。
他们的行动		赞扬和学习。
这个办法好，		参照实行。

句型 2 好像 동 마치 ~과 같다[비슷하다]. [흔히 '一样', '一般', '似的'와 어울려 쓰인다.]

• 静悄悄的，好像屋子里没有人。
* 조용한 것이 마치 방안에 사람 없는 것 같다.

练习

听你的口音，	好像	是中国人。
这件产品和那件		不太一样。
今天的天气		没有昨天好似的。

句型 3 认为 동 여기다, 생각하다, 보다, 인정하다.

• 我们认为，国家不分大小，应该一律平等。
* 우리들은 국가는 대소를 막론하고 일률적으로 평등해야 한다고 생각한다.

练习

我们一致	认为	他还够不上资格。
百货店的这些衣服，都		是我们生产的。
我们以前		中国的房地产价格很低。

句型 4 能否 ~할 수 있을까? 여부. ['能'재능, 재능이 있다. ~할 수 있다. '否' 부정하다, 아니다 (의문문 맨 끝에 쓰여 물음을 나타내는 조사로 쓰인다.)]

> • 月底能否完成任务，我可说不好。
> * 월말에 임무를 완성할 수 있을지 나는 모른다.

练习

明天	能否	出发，需视天气而定。
这些		今天完成，就看你们了。
公司的这些产品		卖到国外去?

二. 아래의 대화를 중국어로 완성하세요.

(1) A: 国家为了防止投机商的投机，出台了什么新政策?

B: ______________________________

(바로 1가구 1주택만 허락하는 정책입니다.)

(2) A: 你认为上海的房地产还有降价的空间吗?

B: ______________________________

(상하이는 국제 대도시이기 때문에 기회가 있을 것입니다.)

(3) A: 外商到苏州工业园区投资有何优惠政策?

B: ______________________________

(첨단과학기술회사는 15%의 소득세와 3%의 지역세를 감면받습니다.)

(4) A: 苏州工业园区投资环境怎么样?

B: ______________________________

(투자환경은 으뜸이라고 할 수 있습니다.)

三. 본문의 내용에 따라 아래의 질문에 중국어로 대답하세요.

(1) 现在的房地产市场很难估计，所以老百姓们都做什么?

(2) 中国的房地产泡沫已经破灭了吗?

(3) 苏州工业园区的投资环境有什么与众不同?

(4) 在苏州工业园区投资的主要是什么样的企业?

Exercise

练习

1. 상자 안에 주어진 단어 혹은 구를 사용하여 다음 문장을 완성하세요.

能否 | 设有 | 率先 | 拥有 | 开始

(1) 有一家著名的房地产开发商________开始降价了。

(2) 说明中国的房地产泡沫已经________破灭。

(3) 好像是一个家庭只允许________一个房子。

(4) 您________给我们介绍一下外商投资情况?

(5) 最重要的是园区________世界一流的通关设备。

2. 주어진 단어들을 문법에 맞게 재배열하여 올바른 문장을 만드세요.

(1) 政策 | 要 | 国家 | 房管 | 最近 | 新的 | 出台 |

→ ____

(2) 认为 | 空间 | 还有 | 房地产 | 降价 | 我 | 上海 |

→ ____

(3) 这里 | 销售 | 我们 | 实地 | 考察 | 情况 | 要 | 的 | 一下 |

→ ____

(4) 消息 | 诱人 | 很 | 听起来 | 这个 |

→ ____

(5) 政策 | 外商 | 投资 | 有何 | 上海 | 优惠 | 在 |

→ ____

3. 아래에 주어진 단어나 구를 사용하여 문장을 만드세요.

(1) 允许____

(2) 能否____

(3) 有何____

(4) 值得____

m.e.m.o.

旅行购物

쇼핑여행

상하이에 가게 되면 특산물들이 매우 많다. 선물용으로는 실크제품들이 아주 인기가 많은데 그 종류들도 다종다양하다. 그런데 쇼핑을 할 때 가격 흥정은 필수인 것 같다. 흥정을 잘하느냐 못하느냐에 따라 값의 차이가 많이 난다. 따라서 가격흥정 역시 일종의 예술이자 능력이라 할 수 있다.

旅行购物: 쇼핑여행

Dialogue 1 _ 가격흥정

A: 老板，那件衣服多少钱?

B: 是这件吗?300元。

A: 太贵了，能不能便宜一点儿?

B: 你想给多少钱?

A: 150。

B: 不行，不行，我250进的货。你要，就给250，我不赚钱，交个朋友。

A: 行啦，老板。我再加20块，多一分钱我都不要了。

B: 200，我不还价，真不能再便宜了。要么你到别的商店看看，这是最低价了。

A: 那好吧，给我拿件新的。

B: 放心吧，这些都是刚进的货。

A: 如果发现质量有什么问题，我可以来找你吗?

B: 绝对没问题，你尽管来吧！

A: Lǎobǎn, nà jiàn yīfu duōshǎo qián?
B: Shì zhè jiàn ma 300 yuán.
A: Tài guìle, néng bunéng piányí yìdiǎnr?
B: Nǐ xiǎng gěi duōshǎo qián?
A: 150.
B: Bùxíng, bùxíng, wǒ 250 jìn de huò nǐ yào, jiù gěi 250, wǒ bú zhuànqián, jiāo gè péngyǒu.
A: Xíng la, lǎobǎn wǒ zài jiā 20 kuài, duō yī fēn qián wǒ dū búyàole.
B: 200, Wǒ bù huán jià, zhēn bùnéng zài piányíle. Yàome nǐ dào bié de shāngdiàn kàn kàn, zhè shì zuìdī jiàle.
A: Nà hǎo ba, gěi wǒ ná jiàn xīn de.
B: Fàngxīn ba, zhèxiē dōu shì gāng jìn de huò.
A: Rúguǒ fāxiàn zhìliàng yǒu shé me wèntí, wǒ kěyǐ lái zhǎo nǐ ma?
B: Juéduì méi wèntí, nǐ jǐnguǎn lái ba!

Dialogue 2 _ 거리 구경

A: 这是本市最有名的商业街，晚上人也很多。

B: 商店晚上几点关门?

A: 大商店是十点，小商店还要晚一点儿。

B: 明天我就要离开上海了，想买一点纪念品送给朋友，但不知道买什么好。

A: 给中国的朋友，还是韩国的朋友?

B: 是给我的韩国朋友。

A: 那当然买一些当地的特产最好啦。

B: 上海有什么特产呢?

A: 有很多啊。比如说丝绸制品和各种茶叶都很有名。

B: 对啦，我看到有的丝绸巾上还画着各种风景图案，可漂亮啦。

A: 那不是画的，是织在上面的。丝绸又珍贵，又很轻，做纪念品很合适。

B: 好吧，那就买丝绸巾了。

A: Zhè shì běn shì zuì yǒumíng de shāngyè jiē, wǎnshàng rén yě hěnduō.
B: Shāngdiàn wǎnshàng jǐ diǎn guānmén?
A: Dà shāngdiàn shì shí diǎn, xiǎo shāngdiàn hái yào wǎn yìdiǎnr.
B: Míngtiān wǒ jiù yào líkāi shànghǎile, xiǎng mǎi yìdiǎn jìniànpǐn sòng gěi péngyou, dàn bù zhīdào mǎi shénme hǎo.
A: Gěi zhōngguó de péngyou, háishì hánguó de péngyou?
B: Shì gěi wǒ de hánguó péngyou.
A: Nà dāngrán mǎi yìxiē dāngdì de tèchǎn zuì hǎo la.
B: Shànghǎi yǒu shén me tèchǎn ne?
A: Yǒu hěnduō a bǐrú shuō sīchóu zhìpǐn hé gè zhǒng cháyè dōu hěn yǒumíng.
B: Duì la, wǒ kàn dào yǒu de sīchóu jīn shàng hái huàzhe gè zhǒng fēngjǐng tú'àn, kě piàoliang la.
A: Nà búshì huà de, shì zhī zài shàngmiàn de sīchóu yòu zhēnguì, yòu hěn qīng, zuò jìniànpǐn hěn héshì.
B: Hǎo ba, nà jiù mǎi sīchóu jīnle.

生词 New Words

讨价还价 tǎojiàhuánjià 흥정하다, 여러 가지 조건을 내걸고 옴니암니 따지다
老板 lǎobǎn 주인, 상점의 주인, 지배인
贵 guì (값이) 비싸다, 중히 여기다, 가치가 높다
便宜 piányi 싸다, 편리하다, 헐하다
赚钱 zhuànqián 이윤을 얻다, 돈을 벌다, 이윤을 남기다
交 jiāo 사귀다, 교제하다, 인접하다, 서로 맞대다[맞닿다]
低价 dījià 저가, 낮은 가격, 헐가
放心 fàngxīn 마음을 놓다, 안심하다, 방일한 마음
刚 gāng 지금, 막, 바로[행동이나 상황이 일어난 지 오래지 않음]
绝对 juéduì 절대, 절대적, 아무런 조건도 없는
尽管 jǐnguǎn 얼마든지, 마음 놓고, 늘
逛 guàng 한가롭게 거닐다, 산보하다, 놀러 다니다
商业街 shāngyèjiē 상가
还是 háishì 여전히, 아직도, 또는, 아니면, 이처럼, 그렇게도
当然 dāngrán 당연히, 당연하다, 물론이다
当地 dāngdì 현지, 당지, 그 지방
特产 tèchǎn 특산
比如 bǐrú 예를 들다, 예컨대
丝绸制品 sīchóuzhìpǐn 견직물 제품, 실크 제품
丝绸巾 sīchóujīn 실크[명주, 비단] 수건, 실크[명주, 비단] 스카프
图案 tú'àn 도안
漂亮 piàoliang 아름답다, 보기 좋다, 곱다
画的 huàde 그린 것, 그림으로 된 것
织 zhī 방직하다, 뜨개질하다, 교착하다
珍贵 zhēnguì 진귀하다, 보배롭고 귀중하다, 귀중하게 여기다
很轻 hěnqīng 매우 가볍다
合适 héshì 적당하다, 알맞다, 적합하다
风景 fēngjǐng 풍경, 경치, 풍채

阅读一 가격흥정(讨价还价)

讨价还价是个重复博弈的过程，所以你一定要有耐心，而且也一定要有灵活多变的策略。如果你看好了某件商品，最好不要单刀直入地问价格，而是先佯装挑选其他商品，因为你随意的样子会分散卖家的注意力，然后你再突然问到你想要的商品价格，这种情况下店主往往会因猝不及防报出较低的价位。

当店主报价后你自然会用"太贵"来回绝，此时卖家可能会主动降价，然后你再装作转身离开的样子，这一招在砍价中十分关键而且屡试不爽。店主见你要走自然会想喊住你继续降价，但你不要回头，而是照走不误，等溜达一圈后再回到店中。此时装傻充愣地再问："你刚才说多少钱?是不是×元?"当然，你说的这个价位其实比刚才店主说的还要低。你接下来可以用"刚才我看的那家的更便宜"来应对。这样店主便会继续降价，此时你再开始观看商品，装作很专业的样子来指出不足之处，然后再以一个双方都比较满意的价格成交。

词语

博弈 bóyì 게임
耐心 nàixīn 참을성, 참을성이 있다, 끈기 있다
灵活 línghuó 민첩하다, 융통성이 있다. 원활하다, 재빠르다, 신축성이 있다
多变 duōbiàn 변하기 쉬운, (날씨 따위가)변덕스러운, 불안정한, 변화 있는
单刀直入 dāndāozhírù 단도직입적으로 말하다, 문제의 핵심을 곧바로 말하다
佯装 yángzhuāng 가장하다, (…인)체[척]하다
随意 suíyì 뜻대로 하다, 생각대로 하다, 뜻대로
猝不及防 cùbùjífáng 너무 갑작스러워 미처 막아 낼 수 없다
价位 jiàwèi 가격대, 가격 수준
回绝 huíjué 거절하다, 사절하다
屡试不爽 lǚshìbùshuǎng 자주 해 보아도 틀리지 않다, 언제나 효과가 있다
溜达 liūda 산책하다, 어슬렁거리다, 산보하다
装傻充愣 zhuāngshǎchōnglèng 바보티를 내면서 얼빠진 체하다
不足之处 bùzúzhīchù 부족한 곳, 부족 점
应对 yìngduì 응답하다, 대답하다
成交 chéngjiāo 거래가 성립되다, 매매가 성립되다

阅读二 관광쇼핑(旅购)

旅游购物不是单纯的购买商品的行为，这与日常生活的购物不同，其中包括了与旅游相关的休闲娱乐等活动，通常与特产店、景区门票、农家乐、酒店住宿常常组合在一起，增加了旅游购物的乐趣。旅游购物作为一种旅游行为，对当地社会文化、经济、其他领域以及旅游政策都产生影响。

发展旅游购物是提高旅游整体经济效益的重要途径，是增加收入和就业机会，振兴地方经济的重要手段之一。对国内而言，旅游购物的发展，可以直接满足本国人民日益增长的物质和文化需要；在国际范围内，旅游购物的发展，可以使世界各国人民加深对旅游目的国家和地区的历史文化、民族传统的了解。

词语

购物 gòuwù 물건을 구입하다, 물건을 사다
日常生活 rìchángshēnghuó 일상생활
相关 xiāngguān 상관되다, 관련되다, 관계하다
通常 tōngcháng 통상, 일반, 보통
景区 jǐngqū 관광 풍치 지구
单纯 dānchún 단순하다, 오로지, 단순히
特产店 tèchǎndiàn 특산 판매점
农家乐 nóngjiālè 농가락, [도시인들이 민박에서 여가를 보내는 농촌 관광형식]
乐趣 lèqù 즐거움, 재미
以及 yǐjí 및, 그리고, 아울러
整体 zhěngtǐ 전체, 총체
效益 xiàoyì 효과와 이익, 효익
途径 tújìng 경로, 절차, 순서
振兴 zhènxīng 진흥하다, 떨쳐 일으키다, 흥성하게 하다
而言 éryán …라고 말하다
日益 rìyì 날로, 일익, 나날이
增长 zēngzhǎng 늘어나다, 높아지다, 증가하다
加深 jiāshēn 깊어지다, 심화하다, 깊게 하다
了解 liǎojiě 알다, 이해하다, 조사하다

pattern & drill

◎ 句型与训练

一. 문형연습

句型 1 尽管 부 얼마든지, 마음 놓고.

• 你有什么困难尽管说。
* 무슨 애로가 있으면 얼마든지 말씀하십시오.

접 비록[설령] ~라 하더라도, ~에도 불구하고. [주로 '但(是)', '可是', '然而', '还', '也'따위와 호응하여 쓰인다.]

• 尽管以后变化难测，然而计算还是可能的。
* 비록 이후의 변화가 예측하기 힘들다 해도 계산은 그래도 가능할 것이다.

练习

你有什么委屈	尽管	对我说吧。
如果质量有什么问题		拿来吧。

尽管	天气变化很大，但是我们还是要去的。
	颜色不太好看，可是价钱还可以。

句型 2 又……又 (~하면서) 한편[또한, 동시에](~하다). [동시적 상황임을 표시한다]

• 质量又好又便宜。
* 질이 좋으면서 값도 싸다.

~해야 할지 아니면 ~해야 할지, ~하기도 하나 ~하기도 하다. [모순 또는 역접 관계의 두 일을 표시하며, 이 경우 숙어적으로 많이 쓰인다.]

• 他又想去，又想不去，拿不定主意。
* 그는 한편 가고 싶기도 하고, 한편 가고 싶지 않기도 하여 뜻을 정할 수 없었다.

또, 다시. [같은 행위가 교체되면서 반복됨을 표시한다.]

• 他装了又擦，擦了又装。
* 그는 화장했다가 지우고, 지웠다가는 다시 화장한다.

练习

这个小汽车	又	漂亮	又	便宜。
今天太累了	又	想去	又	不想去。
黑板擦了	又	写，写了	又	擦。

句型 3 想 동 추측하다, 예상하다, ~일 것이라고 여기다. [이런 경우 '想不想'의 형태로 의문문을 만들 수는 없다. 즉 '你想不想这么做才好?'라고 쓰지 않는다.]

• 我想他今天不回来。
* 나는 그가 오늘 오지 않을 것으로 생각한다.

바라다, ~하고 싶다, ~하려 하다.

• 我想到上海去一趟。
* 나는 상하이에 한번 갈 작정이다.

잊지 않다, 생각하고 있다. ['着'가 붙어 주로 명령문에 쓰인다.]

• 你可想着这件事！
* 너는 이 일을 잊어버리지 마라!

练习

我们	想	这些衣服肯定好卖。
他们很	想	卖个好价钱。
别忘了，你时刻	想	着要回来。

句型 4 还是 부 여전히, 아직도 [~하는 편이 (더)좋다는 뜻을 나타낸다.]

• 尽管今天风狂雨大，他们还是照常出工。
* 오늘 비바람이 거세지만, 그들은 여전히 평상시대로 일하러 나간다.

• 天气凉了，还是多穿点儿吧。
* 날씨가 차졌으니, 옷을 좀 더 입는 것이 좋겠다.

접 또는, 아니면. [의문문에 쓰여 선택을 나타낸다.]

• 明天的会谈我去，还是你去?
* 내일 회담에 제가 가요? 아니면 당신이 가요?

练习

尽管工作量大，他们	还是	完成了生产任务。
我路熟,		我去一趟吧！
话别说绝了,		留个后路的好。

二. 아래의 대화를 중국어로 완성하세요.

(1) A: 这件衣服能不能便宜一点?
B: ______________________________
(들여온 가격이 250원인데 그냥 그대로 드리겠습니다.)

(2) A: 如果发现有什么问题，我可以来找你吗?
B: ______________________________
(가져 오시기만 하면 즉시 바꾸어 드리겠습니다.)

(3) A: 你想买点儿什么?
B: ______________________________
(한국에 있는 친구들에게 선물을 좀 사려고 합니다.)

(4) A: 那些丝绸巾上的图案是画的吗?
B: ______________________________
(아닙니다. 모두 다 방직한 것입니다.)

三. 본문의 내용에 따라 아래의 질문에 중국어로 대답하세요.

(1) 要价300元的这件衣服最后卖了多少钱?
(2) 这些衣服是什么时候进货的?
(3) 这条最有名的商业街什么时候人最多?
(4) 在上海都有什么特产品?

Exercise

练习

1. 상자 안에 주어진 단어 혹은 구를 사용하여 다음 문장을 완성하세요.

发现 | 再 | 一点 | 便宜 | 一条

(1) 太贵了，能不能________便宜一点儿?

(2) 我不还价，真不能再________了

(3) 如果________有什么质量问题，我可以来找你吗?

(4) 这是本市最有名的________商业街。

(5) 我想买________纪念品送给韩国朋友。

2. 주어진 단어들을 문법에 맞게 재배열하여 올바른 문장을 만드세요.

(1) 能不能 | 那件 | 一点儿 | 便宜 | 再 | 衣服 |

→ ________________________________

(2) 可以 | 看看 | 如果 | 不信 | 商店 | 别的 | 到 | 你 |

→ ________________________________

(3) 当地 | 最好 | 当然 | 特产 | 的 | 买一些 | 那 |

→ ________________________________

(4) 纪念品 | 朋友 | 我 | 的 | 想 | 首尔 | 一点 | 送给 | 买 |

→ ________________________________

(5) 这些 | 关门 | 商业街 | 几点 | 商店 | 的 | 晚上 |

→ ________________________________

3. 아래에 주어진 단어나 구를 사용하여 문장을 만드세요.

(1) 绝对________________________________

(2) 尽管________________________________

(3) 还是________________________________

(4) 比如________________________________

网上购物

인터넷 쇼핑

현시대에 들면서 인터넷 쇼핑은 국민들의 일상생활에서 아주 중요한 생활수단의 하나로 자리매김을 하고 있다. 특히 아리빠빠와 같은 인터넷 판매망은 전 세계적인 위치에서 제품의 종류들만 해도 수천가지이다. 게다가 지불 방식마저 인터넷 뱅킹방식이어서 사람들의 삶의 질을 높이는데 큰 도움이 되고 있다.

网上购物: 인터넷 쇼핑

Dialogue 1 _ 인터넷 주문

A: 请问，张科长，企业采购商一般使用哪个网站?

B: 阿里巴巴网站比较好。我们一直都通过此网站进行购物。

A: 该网站有何优越性，请给我们介绍一下好吗?

B: 作为全球领先的网上贸易市场的阿里巴巴，提供了全球范围内的几十个行业的信息，其涵盖的产品种类有近千个。

A: 您能不能具体地说明一下主要产品种类?

B: 好的。它包含了机械、电子信息、化工、家具、服装服饰、食品等。用户可以很方便地查找到可需要的商品信息。

A: 在网上可以询价与洽谈吗?

B: 可以的。在搜索结果页面中，每条信息的右侧都提供了多种询价方式，比如"在线洽谈"，"手机在线"，"站内留言"等。也可以直接单击"联系方式"获得企业的相关联系信息。

A: 谢谢，张科长。我们现在就想订购了。

A: Qǐngwèn, zhāng kē zhǎng, qǐyè cǎigòu shāng yìbān shǐyòng nǎge wǎngzhàn?

B: Ālǐ bābā wǎngzhàn bǐjiào hǎo wǒmen yìzhí dōu tōngguò cǐ wǎngzhàn jìnxíng gòuwù.

A: Gāi wǎngzhàn yǒu hé yōuyuè xìng, qǐng gěi wǒmen jièshào yíxià hǎo ma?

B: Zuòwéi quánqiú lǐngxiān de wǎngshàng màoyì shìchǎng de ālǐ bābā, tígōngle quánqiú fànwéi nèi de jǐ shí gè hángyè de xìnxī, qí hángài de chǎnpǐn zhǒnglèi yǒu jìn qiān gè.

A: Nín néng bùnéng jùtǐ de shuōmíng yíxià zhǔyào chǎnpǐn zhǒnglèi?

B: Hǎo de, tā bāohánle jīxiè, diànzǐ xìnxī, huàgōng, jiājù, fúzhuāng fúshì, shípǐn děng. Yònghù kěyǐ hěn fāngbiàn de cházhǎo dào kě xūyào de shāngpǐn xìnxī.

A: Zài wǎngshàng kěyǐ xún jià yú qiàtán ma?

B: Kěyǐ de. Zài sōusuǒ jiéguǒ yèmiàn zhōng, měi tiáo xìnxī de yòu cè dōu tígōngle duō zhǒng xún jià fāngshì, bǐrú "zàixiàn qiàtán", "shǒujī zàixiàn", "zhànnèi liúyán" děng. Yě kěyǐ zhíjiē dān jī "liánxì fāngshì "huòdé qǐyè de xiāngguān liánxì xìnxī.

A: Xièxiè, zhāng kē zhǎng wǒmen xiànzài jiù xiǎng dìnggòule.

Dialogue 2 _ 인터넷 뱅킹

A: 金会计，现在在中国一般使用哪几种电子支付方式?

B: 根据系统中使用的支付工具不同，大致可分为"电子信用卡"、"电子支票"等两种。

A: 这两种支付方式各有什么特点呢?

B: 信用卡就是一种常见的银行卡，可在许多场合使用。其特点是每张卡对应着一个账户，资金的支付最终是通过转账实现的。在消费中实行"先消费，后付款"的办法，因此对信用卡账户的处理是滞后于货款支付的。

A: 那么，电子支票呢?

B: 电子支票是网络银行常用的一种电子支付工具。其特点是支付过程中的操作直接对账户，对账户的处理即意味着支付的进行，是一种"即时付款"的支付办法。

A: 那么，你们是一般采用哪种付款方式呢?

B: 我们公司一般采用电子支票方式，但是个人一般采用电子信用卡方式。

A: Jīn kuàijì, xiànzài zài zhōngguó yībān shǐyòng nǎ jǐ zhǒng diànzǐ zhīfù fāngshì?

B: Gēnjù xìtǒng zhōng shǐyòng de zhīfù gōngjù bùtóng, dàzhì kě fēn wéi "diànzǐ xìnyòngkǎ", "diànzǐ zhīpiào" děng liǎng zhǒng.

A: Zhè liǎng zhǒng zhīfù fāngshì gè yǒu shén me tèdiǎn ne?

B: Xìnyòngkǎ jiùshì yì zhǒng chángjiàn de yínháng kǎ, kě zài xǔduō chǎnghé shǐyòng. Qí tèdiǎn shì měi zhāng kǎ duìyìngzhe yígè zhànghù, zījīn de zhīfù zuìzhōng shì tōngguò zhuǎnzhàng shíxiàn de. Zài xiāofèi zhōng shíxíng "xiān xiāofèi, hòu fùkuǎn" de bànfǎ, yīncǐ duì xìnyòngkǎ zhànghù de chǔlǐ shì zhìhòu yú huòkuǎn zhīfù de.

A: Nàme, diànzǐ zhīpiào ne?

B: Diànzǐ zhīpiào shì wǎngluò yínháng chángyòng de yì zhǒng diànzǐ zhīfù gōngjù. Qí tèdiǎn shì zhīfù guòchéng zhōng de cāozuò zhíjiē duì zhànghù, duì zhànghù de chǔlǐ jí yìwèizhe zhīfù de jìnxíng, shì yī zhǒng "jíshí fùkuǎn" de zhīfù bànfǎ.

A: Nàme, nǐmen shì yìbān cǎiyòng nǎ zhǒng fùkuǎn fāngshì ne?

B: Wǒmen gōngsī yìbān cǎiyòng diànzǐ zhīpiào fāngshì, dànshì gèrén yìbān cǎiyòng diànzǐ xìnyòngkǎ fāngshì.

生词 New Words

订购 dìnggòu 주문하다, 주문하여 구입하다, 예약하여 구입하다
采购 cǎigòu 구입하다, 구매 담당자, 사들이다
网站 wǎngzhàn 웹 사이트, 사이트
购物 gòuwù 물품을 구입하다, 물건을 사다
优越性 yōuyuèxìng 우월성, 뛰어난 점
领先 lǐngxiān 선두에 서다, 앞서다, 리드하다
涵盖 hángài 포괄하다, 포함하다, 포용하다
包含 bāohán 포함하다, 참다, 함유하다
查找 cházhǎo 찾다, 조사하다, 수사하다
询价 xúnjià 가격 문의, 상품의 가격을 알아 보다
搜索 sōusuǒ 검색하다, 수색하다, 자세히 뒤지다
页面 yèmiàn 웹페이지, 인터넷 홈페이지
在线 zàixiàn 온라인
单击 dānjī 한번 클릭
支付 zhīfù 지불하다, 지급하다
系统 xìtǒng 계통, 체계, 시스템
大致 dàzhì 대체로, 대강, 대개
常见 chángjiàn 자주 보다, 흔히 있다, 상견
场合 chǎnghé 경우, 상황, 장소
对应 duìyìng 대응, 대응하다, 대응하는
账户 zhànghù 계정 계좌, 구좌, 계좌
最终 zuìzhōng 최후, 최종, 맨 마지막
转帐 zhuǎnzhàng [경제]대체하다, 대체, 대체 계정을 하다
滞后 zhìhòu 정체하다, 낙후하다, 뒤에 처지다
货款 huòkuǎn 대금, 상품 대금, 물건 값
支票 zhīpiào 수표
网络银行 wǎngluòyínháng 인터넷 뱅킹
操作 cāozuò 조작, 조작하다, 다루다
意味着 yìwèizhe 의미하다, 뜻하다, 내포하다

阅读一 베이징 찐왠쓰따이 쇼핑센터 (北京金源时代购物中心)

北京有很多购物中心，其中的世纪金源购物中心是亚洲最大的购物中心。它位于北京海淀区四季青远大路，由世纪金源投资集团有限公司开发完成。

世纪金源购物中心的建筑面积是68万平方米，差不多有100个足球场那么大。它是模仿欧美国家的SHOPPINGMALL建造的，有室内停车楼和直接开进楼层的汽车道、3万平方米的屋顶花园、200多部电梯、100多家餐厅、电影院和儿童乐园等设施。购物中心里面有400多家商店，有世界名牌，也有中国名牌，商品丰富多彩，价格也比较低廉，通道很宽，空气新鲜，还有孩子们玩儿的地方，很多人喜欢全家一起到哪里购物。

词语

中心 zhōngxīn 중심, 한가운데, 센터
亚洲 yàzhōu 아시아, 아시아 주
集团有限公司 jítuán yǒuxiàn gōngsī 집단[그룹]유한(책임)회사,
开发 kāifā 개발하다, 개척하다, 지불하다
建筑面积 jiànzhú miànjī 건축 면적
差不多 chàbuduō 일반적인, 거의, 큰 차이가 없다
平方米 píngfāngmǐ 평방미터, 제곱미터
位于 Wèiyú …에 위치하다, 자리 잡고 있다
模仿 mófǎng 모방하다, 본받다, 흉내 내다
欧美 ōuměi 구미, 유럽과 아메리카
屋顶 wūdǐng 지붕, 옥상, 옥개
花园 huāyuán 화원, 꽃밭
电梯 diàntī 엘리베이터, 승강기
儿童乐园 értónglèyuán 어린이 대공원, 어린이 놀이동산
丰富多彩 fēngfùduōcǎi 풍부하고 다채롭다
低廉 dīlián 싸다, 저렴하다
新鲜 xīnxiān 신선하다, 싱싱하다, 새롭다
购物 gòuwù 물품을 구입하다, 물건을 사다

阅读二 하이난 제일 몰(海南第一MALL)

海南第一MALL海口港集团公司与海南环瑞置业有限公司合作开发的一个商业旅游项目，是海南省首个以MALL理念建造的大型主题式购物公园，也是全国唯一的"亲海"MALL。

2002年被列为海口市重点项目，总投资2.5亿美元，30万平方米的建筑面积，12万平方米的商业面积，一家百货主力店、一家超市主力店、一家家居主力店、一家娱乐主力店，240米长拥有200余家精品名店的步行街，这几乎是海口目前最大的五家百货商场和购物中心加在一起的体量，设计了3500个停车位；环绕港口海湾设计了1.6万平方米的美食长廊。预计项目商业效应有效辐射海南省及北部湾广大地区。

词 语

海南 hǎinán 해남(하이난도의 준말)
商业旅游 shāngyè lǚyóu 비즈니스 관광[여행]
主题式 zhǔtí shì 주제 식, 주제 격식
唯一的 wéiyī de 유일한, 유일하게
项目 Xiàngmù 항목, 사항, 조목
首个 shǒugè 최초 하나
理念 lǐniàn 이념, 신념, 사상
主力店 zhǔlìdiàn 주력 판매점
精品 jīngpǐn 정품, 정선품, 우수한 작품
名店 míngdiàn 유명한 상점
步行街 bùxíngjiē 보행자 거리
几乎 jīhū 거의, 하마터면
体量 tǐliàng 규모, 알아주다, 양해하다
停车位 tíngchēwèi 주차선[주차장에서 1대씩 주차할 수 있도록 선을 그어 놓은 공간]
环绕 huánrào 둘러싸다, 에워싸다, 감돌다
港口 gǎngkǒu 항만, 항구
美食长廊 měishíchángláng 미식 거리, 미식 트래버스
辐射 fúshè 방사, 복사, 복사하다

pattern & drill

句型与训练

一. 문형연습

句型 1 一直 부 계속해서, 연속해서, 끊임없이, 줄곧, 내내. ['一直'와 '一向'은 동작·작용이 장기간 계속되는 것을 나타낸다는 점에서 비슷하나, '一向'이 현시점까지 계속되는 것을 표시하는 것에 반하여 '一直'는 이러한 제한이 없다. 또한 '一直'는 과거시점에서 외랜 것과 짧은 시간의 것도 있으나, '一向'은 항상 오랜 시간 미치는 것을 말한다.]

• 这雨一直下了两天。
* 이 비는 이틀이나 줄곧 내렸다.

~에 이르기까지 [범위를 강조한다.]

• 全村从老人一直到小孩都非常热情。
* 온 마을은 노인에서 어린이에 이르기까지 모두 아주 열정적이다.

练习

他们公司	一直	是我们的好伙伴。
向西		走就到邮局了。
他们从韩国到上海		坐了飞机。

句型 2 一般 형 보통이다, 일반적이다, 같다, 어슷비슷하다. [일반적인 상황을 설명할 때는 '一般'을 쓰고, 확실하다고 믿는 것에는 '一定'을 쓴다.]

• 他们一般早上 8 点上班。
* 그들은 보통 아침 8시에 출근한다.

练习

去上海的飞机	一般	用两个小时。
火车飞		地向前驰去。
到我公司的人		都是韩国客人。

句型 3 **根据** 동 근거하다, 의거하다, 따르다.

- 根据气象台的预报，明天要下雨。
* 기상대 예보에 의하면, 내일 비가 올 것이다.

练习

根据	生产进度安排加班。
	选题制定写作计划。
	市场需求进行生产。

句型 4 **大致** 부 대체로, 대강, 대개, 대략, 아마

- 这项工程大致两年可以完工。
* 이 공사는 대략 2년이면 완공할 수 있다.

练习

这两个组的情况	大致	相同。
这些杂志内容		相仿。
这项工程已经有了		的框架。

二. 아래의 대화를 중국어로 완성하세요.

(1) A: 企业采购商一般使用哪个网站?

B: ______________________________

(저희는 줄곧 아리빠빠 웹 사이트에서 물건을 구입했습니다.)

(2) A: 在网上可以询价与洽谈吗?

B: ______________________________

(검색창 웹페이지에서 가능합니다.)

(3) A: 信用卡的主要特点是什么呢?

B: ______________________________

(소비과정에서 후불제 방식입니다.)

(4) A: 你们公司是一般采用哪种付款方式?

B: ____

(저희 회사는 보통 전자수표 지불 방식을 채용합니다.)

三. 본문의 내용에 따라 아래의 질문에 중국어로 대답하세요.

(1) 阿里巴巴网站有何优越性?

(2) 阿里巴巴所提供的主要产品种类是?

(3) 个人一般采用哪种付款方式?

(4) 现在在中国一般使用哪几种电子支付方式?

Exercise

练习

1. 상자 안에 주어진 단어 혹은 구를 사용하여 다음 문장을 완성하세요.

支付 | 一直 | 通过 | 使用 | 主要

(1) 企业采购商们一般________哪个网站?

(2) 我们________都通过阿里巴巴网站购物。

(3) 您能不能具体地说明一下________产品种类?

(4) 现在你们一般使用哪几种电子________方式?

(5) 资金的支付最终是________转账实现的。

2. 주어진 단어들을 문법에 맞게 재배열하여 올바른 문장을 만드세요.

(1) 几十个 | 提供了 | 范围 | 信息 | 行业的 | 内的 | 全球 |

→ ________________________________

(2) 全球 | 信息 | 用户 | 商品 | 可以 | 需要的 | 查找 | 方便地 | 很 |

→ ________________________________

(3) 询价 | 吗 | 在 | 洽谈 | 与 | 可以 | 网上 |

→ ________________________________

(4) 网络银行 | 电子支票 | 工具 | 是 | 支付 | 的 | 常用 |

→ ________________________________

(5) 哪种 | 呢 | 你们 | 方式 | 付款 | 采用 | 是 | 一般 |

→ ________________________________

3. 아래에 주어진 단어나 구를 사용하여 문장을 만드세요.

(1) 大致________________________________

(2) 包含________________________________

(3) 搜索________________________________

(4) 意味着________________________________

饮 食

음식

전 세계적으로 요리라고 하면 바로 중국을 거론할 정도로 중국요리는 유구한 역사와 다양함을 가지고 있을 뿐만 아니라 각 지역마다 또 다른 특징을 갖고 있다. 중화민국시대에는 4대 요리체계, 현재는 8대 요리 체계로 그 중심을 이루고 있다. 하지만 국제화시대에 들어오면서 중국인들도 외국요리들을 아주 많이 선호하고 있다.

饮食: 음식

Dialogue 1 _ 중국요리

A: 今天饭店的人可真多！你想吃点什么?

B: 我刚来中国不知道吃什么好。你能不能介绍一下中国菜?

A: 那没问题，中国各个地方做菜的方法都有自己的特点。人们根据这些特点把它们分成不同的菜系。

B: 是吗，那么复杂呀！你能详细地给我介绍一下吗?

A: 好的。清代的时候，中国菜分为北京菜、江苏菜和广东菜。到民国的时候，形成了川、鲁、苏、粤四大菜系。后来又出现了闽、浙、湘、徽四个菜系，合起来，就是人们常说的"八大菜系"。

B: 那么这些菜系，各有自己的特色吧?

A: 当然！这八个菜系中影响最大的有四个，它们是川菜、湘菜、鲁菜和粤菜。川菜和湘菜都比较辣；鲁菜是典型的北方菜，但是由于鲁菜常用海鲜做主料，价格比较贵；粤菜做菜很讲究，用料主要是山珍和海鲜，所以，粤菜馆大多是高档菜馆。

B: 谢谢你，我一定要尝一尝这些中国名菜看。

A: Jīntiān fàndiàn de rén kě zhēn duō nǐ xiǎng chī diǎn shénme?

B: Wǒ gāng lái zhōngguó bù zhīdào chī shénme hǎo nǐ néng bùnéng jièshào yíxià zhōngguó cài?

A: Nà méi wèntí, zhōngguó gège dìfāng zuò cài de fāngfǎ dōu yǒu zìjǐ de tèdiǎn. Rénmen gēnjù zhèxiē tèdiǎn bǎ tāmen fēnchéng bùtóng de càixì.

B: Shì ma, nàme fùzá ya! nǐ néng xiángxì de gěi wǒ jièshào yíxià ma?

A: Hǎo de, qīng dài de shíhòu, zhōngguó cài fēn wéi běijīng cài, jiāngsū cài hé guǎngdōng cài. Dào mínguó de shíhòu, xíngchéngle chuān, lǔ, sū, yuè sì dà càixì. Hòulái yòu chūxiànle mǐn, zhè, xiāng, huī sì gè càixì, hé qǐlái, jiùshì rénmen cháng shuō de "bādà càixì".

B: Nàme zhèxiē càixì, gè yǒu zìjǐ de tèsè ba?

A: Dāngrán! Zhè bā gè càixì zhōng yǐngxiǎng zuìdà de yǒu sì gè, tāmen shì chuāncài, xiāngcài, lǔ cài hé yuècài. chuān cài hé xiāngcài dōu bǐjiào là; lǔ cài shì diǎnxíng de běifāng cài, dànshì yóuyú lǔ cài chángyòng hǎixiān zuòzhǔ liào jiàgé bǐjiào guì; yuècài zuò cài hěn jiǎngjiù, yòng liào zhǔyào shi shān zhēn hé hǎixiān, suǒyǐ yuècàiguǎn dàduō shì gāodàng cài guǎn.

B: Xièxiè nǐ, wǒ yídìng yào cháng yī cháng zhèxiē zhōngguó míng càiyáo.

Dialogue 2 _ 외국요리

A: 我看到这里有不少日本料理和韩国菜馆，中国人喜欢吃外国菜吗?

B: 挺喜欢的，最喜欢的就是日本菜和韩国菜，也有人喜欢西餐。

A: 是不是因为日本、韩国和中国的文化接近，饮食习惯差别比较小?

B: 这可能是主要原因，日本菜和韩国菜有点像中国的南方菜，比较清淡。现在人们都怕胖，喜欢清淡一点的饮食。另外，还有文化方面的原因。孩子们从小就很喜欢看日本的动画片，长大了以后经常看韩国的电视剧，所以，年轻人吃日本菜和韩国菜也是一种时尚。

A: 可是日本菜和韩国菜都比较贵吧?

B: 还好，日本菜贵一点，韩国菜不一定，因为很多韩国菜馆是中国的朝鲜族人开的，价格比较适合普通人。人们也不是天天去饭馆吃饭，没钱的时候就不去了。

A: 有道理，其实泰国菜也挺好吃的，可惜这里没有。

B: 那以后你来开个泰国餐馆吧，一定会很受欢迎的。

A: Wǒ kàn dào zhè li yǒu bù shǎo rìběn liàolǐ hé hánguó càiguǎn, zhōngguó rén xǐhuān chī wàiguó cài ma?

B: Tǐng xǐhuān de, zuì xǐhuān de jiùshì rìběn cài hé hánguó cài, yěyǒu rén xǐhuān xīcān.

A: Shì bushì yīnwèi rìběn, hánguó hé zhōngguó de wénhuà jiējìn, yǐnshí xíguàn chābié bǐjiào xiǎo?

B: Zhè kěnéng shì zhǔyào yuányīn, rìběn cài hé hánguó cài yǒudiǎn xiàng zhōngguó de nánfāng cài, bǐjiào qīngdàn, xiànzài rénmen dōu pà pàng, xǐhuān qīngdàn yìdiǎn de yǐnshí. Lìngwài, hái yǒu wénhuà fāngmiàn de yuányīn. Háizimen cóngxiǎo jiù hěn xǐhuān kàn rìběn de dònghuà piàn, zhǎng dàle yǐhòu jīngcháng kàn hánguó de diànshìjù, suǒyǐ, niánqīng rén chī rìběn cài hé hánguó cài yěshì yī zhǒng shíshàng.

A: Kěshì rìběn cài hé hánguó cài dōu bǐjiào guì ba?

B: Hái hǎo, rìběn cài guì yìdiǎn, hánguó cài bù yīdìng, yīnwèi hěnduō hánguó càiguǎn shì zhōngguó de cháoxiǎn zúrén kāi de, jiàgé bǐjiào shìhé pǔtōng rén, rénmen yě bùshì tiāntiān qù fànguǎn chīfàn, méi qián de shíhòu jiù bú qùle.

A: Yǒu dàolǐ, qíshí tàiguó cài yě tǐng hào chī de, kěxí zhèlǐ méiyǒu.

B: Nà yǐhòu nǐ lái kāi gè tàiguó cānguǎn ba, yídìng huì hěn shòu huānyíng de.

生词 New Words

菜系 càixì 요리 방식, 맛 등의 계통, 방식
复杂 fùzá 복잡하다
详细地 xiángxìde 상세하다, 사세하다, 위세하다
清代 qīngdài 청대[중국 청나라 시대]
民国 mínguó 중화민국
特色 tèsè 특색, 특징
影响 yǐngxiǎng 영향, 영향을 주다, 전해들은 것
海鲜 hǎixiān 해산물, 바다에서 나는 신선한 어패류, 또는 그 요리
讲究 jiǎngjiù 주의하다, 따져볼 만한 것, 강구하다
山珍 shānzhēn 산해진미
菜肴 càiyáo 요리, 반찬
川菜 chuāncài 사천 요리, 쓰촨 요리
湘菜 xiāngcài 호남 풍의 요리, 후난 요리
鲁菜 lǔcài 산동요리, 산동성 음식
粤菜 yuècài 광동요리, 광둥요리
料理 liàolǐ 요리, 처리하다, 정리하다, 돌보다
挺 tǐng 매우, 아주, 대단히, 꼿꼿하다, 곧게 펴다
西餐 xīcān 양식, 서양요리, 서양식의 음식
接近 jiējìn 접근하다, 가까이하다, 가깝다
像 xiàng 마치 …와 같다, …와 같다[예를 들 때 쓰임], 닮다, 어울리다
清淡 qīngdàn 담백하다, 산뜻하다, 연하다
动画片 dònghuàpiàn 만화 영화, 애니메이션
时尚 shíshàng 당시의 풍조, 시대적 풍모, 유행
适合 shìhé 적합[부합]하다, 알맞다, 적적하다
普通人 pǔtōngrén 일반인
可惜 kěxí 섭섭하다, 아쉽다, 애석하다
一定 yídìng 반드시, 필히, 꼭
受 shòu 참다, 받다, 받아들이다, 입다, 맞다
年轻人 niánqīngrén 젊은이, 젊은 사람

阅读一 음식습관(饮食习惯)

各个国家，各个地方，人们的饮食习惯都不太一样。饮食习惯不同的原因是各个地方的自然环境不同，经济发展水平不同。例如，同样是东亚国家，日本是一个岛国，周围都是大海，日本菜就以海鲜为主。韩国是个半岛国家，韩国人以米饭为主食，喜欢吃牛肉、鸡肉、猪肉、也喜欢吃海鲜，喜欢酸辣的味道。

中国地方很大，饮食习惯差别也很大。北方人喜欢吃各种面食，比如饺子、包子、馒头、面条等，做菜的口味比较重，偏油腻；南方人喜欢吃米饭，也喜欢吃用米做成的各种食品，比如汤圆、米粉、年糕等，做菜的口味比较轻，偏清淡。有人说中国各地方做菜的特点是"南甜，北咸，东辣，西酸"，这种说法有道理，但不全对。中国西南和西北几个省的人都喜欢吃辣的，南方的湖南、湖北省人也很喜欢吃辣的。

词语

饮食 yǐnshí 음식, 음식을 먹고 마시다, 먹고 마시다
习惯 xíguàn 습관, 버릇, 습성
自然环境 zìrán huánjìng 자연 환경
例如 lìrú 예를 들면, 예컨대, 예를 들다
岛国 dǎoguó 섬나라
酸辣 suānlà 시고 맵다
味道 wèidào 맛, 흥미, 재미
口味 kǒuwèi 맛, 구미
偏 piān 기울다, 치우치다, 쏠리다, 편향되다, 편중되다
汤圆 tāngyuán 새알심 비슷한 모양의 식품
清淡 qīngdàn 담백하다, 산뜻하다, 연하다
油腻 yóunì 기름지다, 기름기가 많다, 기름진 식품
面食 miànshí 밀가루 음식, 분식
馒头 mántou 만두, 찐빵
面条 miàntiáo 국수
米粉 mǐfěn 쌀가루, 쌀가루로 만든 가는 국수
年糕 niángāo 설 떡

阅读二 한국의 음식습관(韩国的饮食习惯)

韩国人特别喜欢吃辣椒，辣椒面、辣椒酱是平时不可缺少的调味料。这与韩国气候寒冷湿润有关。种植水稻和需要抗寒抗湿有如泡菜是具有韩国民族特色的冬季必备副食品。每年11月把白菜、萝卡洗净晾干之后，加辣椒、蒜、葱、海鲜等各种调味料，用大缸腌渍起来，密封半个月至1个月后食用。每个家庭主妇都有腌制泡菜的独特手艺和秘方，因此泡菜的口味，每家各不相同。韩国人爱吃牛肉、鸡肉和鱼，不喜欢吃羊肉、鸭子以及油腻的食物。狗肉是他们喜欢吃的肉食之一。

韩国人喜爱喝汤。汤是韩国人饮食中的重要组成部分，是就餐时所不可缺少的，种类很多，主要有大酱汤、泡菜汤等。韩国人常吃甜点、糕点和面食，主要有麦芽糖、油蜜果、打糕、蒸糕、发糕、甲皮饼，油剪饼、冷面等。

词语

特别喜欢 tèbié xǐhuān 특히[특별히, 각별히] 좋아하다[호감을 가지다]
辣椒 làjiāo 고추
调味料 tiáowèiliào 조미료
寒冷 hánlěng 한랭하다, 몹시 춥다, 차다
湿润 shīrùn 습윤하다, 축축하다
种植 zhòngzhí 심다, 재배하다, 종식하다
晾干 liànggān 그늘진 곳에서 말리다
大缸 dàgāng 큰 항아리
腌渍 yānzì 담그다
独特 dútè 독특하다, 특수하다
秘方 mìfāng 비방
不可缺少 bùkěquēshǎo 불가결하다, 없어서는 안 된다
麦芽糖 màiyátáng 맥아당, 엿당, 말토오스
油蜜果 yóumìguǒ 유과
油剪饼 yóujiǎnbǐng 전, 전병
发糕 fāgāo 백설기

pattern & drill

◎ 句型与训练

一. 문형연습

句型 1 **接近** 동 접근하다, 가까이 하다, 친하다.

• 这项技术已接近世界先进水平。
* 이 기술은 이미 세계 선진 수준에 접근하였다.

형 가깝다, 접근해 있다, 비슷하다.

• 大家意见已经很接近, 没有多大分歧了。
* 사람들의 의견은 이미 매우 접근하여 큰 차이가 없다.

练习

双方意见已	接近	谈判可望有成。
这个产品质量已很		先进国家的水准。
公司的技术能力已		他们了。

句型 2 **不一定** 반드시 ~하는 것은 아니다, 확정적이지 않다, 반드시 ~할 필요는 없다.

• 韩国客人不一定今天来。
* 한국 손님들 꼭 오늘 오는 것은 아니다.

练习

飞机起飞时间	不一定	是固定不变的。
对这次日程安排		您亲自做。
韩国客人		哪天到上海。

句型 3 **适合** 동 적합[부합]하다, 알맞다, 적절하다. [공급과 수요의 관계에서는 '适合'를 쓰지 않고 '适应'을 쓴다. 그리고 사람이 생활에 적응한다는 표현에는 '适合'를 쓰지 않는다.]

• 这些菜很适合他们的口味。
* 이러한 요리들은 그들의 구미에 아주 잘 맞는다.

练习

这些条件很	适合	当地情况。
市场上出现了很多		她们穿的服装。
请您挑选		自己的护肤品。

句型 4 其实 부 (그러나) 사실은, 실제는, 실은.

• 听口音他像是北京人，其实是天津人。
* 말투를 들어봐서는 베이징인 같지만 사실은 그가 탠진 사람이다.

练习

他虽说是部长，	其实	是次长拿事。
他老说有心脏病，		是心理作用。
这件事吗，		也不能怪他。

二. 아래의 대화를 중국어로 완성하세요.

(1) A: 中国的菜系是怎么区分的?

B: ______________________________

(중국요리는 각 지역의 요리제작 특징에 따라 계통을 구분합니다.)

(2) A: 鲁菜的主要特点是什么呢?

B: ______________________________

(전형적인 북방요리로서 주로 해산물을 많이 사용합니다.)

(3) A: 现在许多中国人比较爱吃的外国菜都有哪些?

B: ______________________________

(일본요리, 한국요리 그리고 서양요리들을 많이 즐깁니다.)

(4) A: 中国的年轻人为什么比较爱吃韩国菜呢?

B: ______________________________

(늘 한국 드라마를 보고 있기 때문인 것 같습니다.)

三. **본문의 내용에 따라 아래의 질문에 중국어로 대답하세요.**

(1) 哪些是中国的八大菜系?

(2) 粤菜的主要特点是什么?

(3) 现在的人为什么都比较喜欢吃清淡的菜?

(4) 现在中国的韩国菜为什么不太贵?

Exercise

练习

1. 상자 안에 주어진 단어 혹은 구를 사용하여 다음 문장을 완성하세요.

不少	也是	不知道	常用	都有

(1) 我刚来上海________吃什么好。

(2) 中国各个地方做菜的方法________自己的特点。

(3) 由于鲁菜________海鲜做主料，价格比较贵。

(4) 我看到这里有________日本料理和韩国菜馆。

(5) 年轻人吃日本菜和韩国菜________一种时尚。

2. 주어진 단어들을 문법에 맞게 재배열하여 올바른 문장을 만드세요.

(1) 给我 | 你 | 中国菜 | 详细地 | 一下 | 能不能 | 介绍 |

→ ____

(2) 尝一尝 | 名菜 | 我 | 中国 | 要 | 这些 | 一定 |

→ ____

(3) 它们 | 根据 | 特点 | 分成 | 不同的 | 菜系 | 把 |

→ ____

(4) 年轻人 | 菜 | 中国 | 外国 | 喜欢 | 的 | 吃 |

→ ____

(5) 泰国菜 | 的 | 好吃 | 也 | 其实 | 挺 |

→ ____

3. 아래에 주어진 단어나 구를 사용하여 문장을 만드세요.

(1) 详细地____

(2) 讲究____

(3) 接近____

(4) 可惜____

住 宿

숙박

보통 여행이나 해외 비즈니스출장의 경우 반드시 숙박을 예약하게 된다. 사람들의 경제적 여건과 신분에 따라 해당되는 호텔들을 예약하게 되는데 그 가격역시 천차만별이고 계절에 따라서도 가격차이가 크다. 그리고 호텔의 현대화 시설과 서비스 여건 역시 손님들의 선호도에 아주 크게 영향을 미치고 있다.

住宿: 숙박

Dialogue 1 _ 방 예약

A: 你好！希尔顿饭店吗?

B: 您好！这里是希尔顿饭店。您有何吩咐?

A: 我想预订房间，不知现在有没有房间?

B: 您要什么样的房间?我们这里有普通间、套房还有高级豪华套间等。环境都挺好的。

A: 我要一间套房和一间标准间。这些房间要多少钱?

B: 套房一晚800元，标准间一晚500元，预订不需要押金。

A: 房价里包含早餐吗?

B: 是的，我们每天早上从 7:00 ~ 9:00点免 费提供自助餐。另外，饭店还设有八间餐厅及酒吧，带来风格迥异的各种美食供宾客选择。

A: 那太好了。我们这次打算住3天，什么时候可以退房?

B: 每天下午 2 点以前。请给我留下您的姓名及电话号码，好吗?

A: 好的。

A: Nĭ hăo! Xī'ĕrdùn fàndiàn ma?

B: Nín hăo! zhèlĭ shì xī'ĕrdùn fàndiàn nín yŏu hé fēnfù?

A: Wŏ xiăng yùdìng fángjiān, bùzhī xiànzài yŏu méiyŏu fángjiān?

B: Nĭ yào shénme yàng de fángjiān? Wŏmen zhè li yŏu pŭtōng jiān, tàofáng hái yŏu gāojí háohuá tàojiān dĕng. Huánjìng dōu tĭng hăo de.

A: Wŏ yào yì jiàn tàofáng hé yì jiàn biāozhŭn jiān zhèxiē fángjiān yào duōshăo qián?

B: Tàofáng yì wăn 800 yuán, biāozhŭn jiān yì wăn 500 yuán, yùdìng bù xūyào yājīn.

A: Fángjià li bāohán zăocān ma?

B: Shì de, wŏmen mĕitiān zăoshang cóng 7:00 ~ 9:00 Miănfèi tígōng zìzhùcān. Lìngwài, fàndiàn hái shè yŏu bā jiān cāntīng jí jiŭbā, dài lái fēnggé jiŏngyì de gè zhŏng mĕishí gōng bīnkè xuănzé.

A: Nà tài hăole wŏmen zhè cì dăsuàn zhù 3 tiān, shénme shíhòu kĕyĭ tuì fáng?

B: Mĕitiān xiàwŭ 2 diăn yĭqián qĭng gĕi wŏ liú xià nín de xìngmíng jí diànhuà hàomă, hăo ma?

A: Hăo de.

Dialogue 2 _ 객실 서비스

A: 你好！是总台吗?我想打听一下你们酒店的服务。

B: 您好！我是总台服务员。我们酒店设有免费Wifl、游泳池、健身房、商务中心、洗衣等服务。如果您想利用这些，请跟各楼层服务员打听一下即可。

A: 能不能再告诉一下这儿的Wifl密码?

B: 各个房间里都备有服务指南手册，在那里边详细记载了房间须知及Wifl密码，请参考一下。

A: 好的。另外，我想明天早上早点儿退房去机场，不知在哪儿坐车比较方便?

B: 早上7:30分可以乘坐从本酒店出发的免费大巴。如果退房更早，那么只能打的了。酒店门口打的很方便，而且去飞机场只需要一百元就够了。

A: 我明天早上准备7点钟退房，那就可以坐本酒店的大巴了。谢谢你。

B: 不用客气，欢迎您再来我们酒店。

A: Nǐ hǎo! Shì zǒng tái ma? Wǒ xiǎng dǎtīng yíxià nǐmen jiǔdiàn de fúwù.

B: Nín hǎo! Wǒ shì zǒng tái fúwùyuán. Wǒmen jiǔdiàn shè yǒu miǎnfèi Wifl, yóuyǒngchí, jiànshēnfáng, shāngwù zhōngxīn, xǐyī děng fúwù. Rúguǒ nín xiǎng lìyòng zhèxiē, qǐng gēn gè loúcéng fúwùyuán dǎtīng yíxià jí kě.

A: Néng bunéng zài gàosù yíxià zhè'er de Wifl mìmǎ?

B: Gège fángjiān lǐ dōu bèi yǒu fúwù zhǐnán shǒucè, zài nà lǐbian xiángxì jìzǎile fángjiān xūzhī jí Wifl mìmǎ, qǐng cānkǎo yíxià.

A: Hǎo de lìngwài, wǒ xiǎng míngtiān zǎoshang zǎodiǎnr tuì fáng qù jīchǎng, bùzhī zài nǎr zuòchē bǐjiào fāngbiàn?

B: Zǎoshang 7:30 Fēn kěyǐ chéngzuò cóng běn jiǔdiàn chūfā de miǎnfèi dàbā. Rúguǒ tuì fáng gèng zǎo, nàme zhǐ néng dǎ di le. Jiǔdiàn ménkǒu dǎ di hěn fāngbiàn, érqiě qù fēijī chǎng zhǐ xūyào yìbǎi yuán jiù gòule.

A: Wǒ míngtiān zǎoshang zhǔnbèi 7 diǎn zhōng tuì fáng, nà jiù kěyǐ zuò běn jiǔdiàn de dàbāle xièxiè nǐ.

B: Bùyòng kèqì, huānyíng nín zàilái wǒmen jiǔdiàn.

生词 New Words

希尔顿饭店 xī'ěrdùnfàndiàn 쉐라톤 호텔
吩咐 fēnfù 분부하다, 시키다, 명령하다
不知 bùzhī 모르다, 알지 못하다
普通间 pǔtōngjiān 스탠다드룸, 일반객실
套房 tàofáng 스위트룸, 침실·응접실·주방·화장실 등이 갖추어진 집
豪华 háohuá 호화롭다, 사치스럽다, 화려하고 웅장하다
押金 yājīn 보증금, 담보금, 전도금
包含 bāohán 포함하다, 참다, 함유하다
提供 tígōng 제공하다
自助餐 zìzhùcān 뷔페, 셀프서비스식의 식사
酒吧 jiǔbā 바, 술집
迥异 jiǒngyì 판이하다, 아주 다르다, 완전히 다르다
打算 dǎsuàn 계획, 생각, 계획하다
退房 tuìfáng 집을 반환하다, 퇴거하다, 체크아웃하다
总台 zǒngtái 카운터
游泳池 yóuyǒngchí 풀, 수영장
健身房 jiànshēnfáng 체육관, 체육실
商务中心 shāngwùzhōngxīn 비즈니스 센터
即可 jíkě 곧, 바로, 즉각, …이면 된다, …하면 될 것이다
备有 bèiyǒu 구비되어 있다, 미리 갖추어져 있다
指南 zhǐnán 지침, 지침서, 입문서
须知 xūzhī 준칙, 주의사항, 알지 않으면 안 되다
机场 jīchǎng 공항, 비행장
乘坐 chéngzuò 타다
记载 jìzǎi 기록, 기재하다, 기록하다
只能 zhǐnéng 다만 …할 수 있을 뿐이다
打的 dǎdi 택시를 타다, 택시 타는 행위
早点 zǎodiǎn 일찍

阅读一 호텔의 개념 (酒店的概念)

酒店（HOTEL)的概念一词来源于法语，当时的意思是贵族在乡间招待贵宾的别墅，在中国大陆被称为“酒店”、“饭店”、“宾馆”、“旅店”、“旅馆”的。

我们从酒店的称谓与功能，可以找到对酒店的定义。然而，时至今日，对酒店的定义也是五花八门，众说纷纭的。一个具有国际水准的酒店首先，要有舒适安全并能吸引客人居住的客房，具有能提供有地方风味特色的美味佳肴的各式餐厅，还要有商业会议厅，贸易洽谈时所需的现代化会议设备和办公通讯系统，旅游者所需要的康乐中心。如游泳池、健身房、商品部、礼品部，以及综合服务部。同时，要有素质良好的服务员，向客人提供一流水平的服务。

词 语

酒店 jiǔdiàn 술집, 호텔, 선술집
来源于 láiyuányú …에서 유래되다, …에서 기원한 것이다
法语 fǎyǔ 프랑스어
贵族 guìzú 귀족
乡间 xiāngjiān 시골, 촌, 마을
别墅 biéshù 별장
称谓 chēngwèi 호칭, 명칭, 칭호
功能 gōngnéng 기능, 작용, 효능
定义 dìngyì 정의, 정의를 내리다
然而 rán'ér 그렇지만, 그러나, 그런데
时至今日 shízhìjīnrì 오늘날에 이르러, 지금에 와서
五花八门 wǔhuābāmén 형형색색, 여러 가지 모양, 천태만상
众说纷纭 zhòngshuōfēnyún 의견이 분분하다
舒适 shūshì 기분이 좋다, 쾌적하다, 편하다
美味 měiwèi 맛있는 음식, 맛이 좋다
佳肴 jiāyáo 좋은 요리, 훌륭한 요리
康乐中心 kānglèzhōngxīn 레크리에이션 센터, 오락센터

阅读二 한국 호텔(韩国宾馆)

韩国宾馆位于首尔，是家五星级酒店。无论您是因为出差或度假而造访首尔，韩国宾馆都会是您住宿的绝佳选择。在这里您将得到一份贴心服务、收获一份美丽心情。酒店位置较好，距离景福宫直线距离约2公里。

韩国宾馆舒适度作为韩国宾馆所有的客房首要标准，一切设施都以此为目标，一定不会让您失望。酒店客房简单温馨，配有书桌、卫星频道/有线电视、电话、冰箱等设施，清新自然却又处处透露着酒店的用心。

移动互联网时代怎可没有网络，这些，韩国宾馆都为您想到了。酒店提供免费wifi，大部分房间网速较快，畅游互联网毫无压力。

韩国宾馆酒店还会提供一项住宿的免费政策:1名4岁以下的儿童在使用现有的床铺时免费。

词语

宾馆 bīnguǎn 여관, 호텔, 영빈관
位于 wèiyú …에 위치하다, 자리 잡고 있다
五星级 wǔxīngjí 5성급(호텔의 등급)
无论 wúlùn …에도 불구하고, …에 관계없이, …도 상관없이
出差 Chūchāi 출장, 출장하다, 파견되다
度假 dùjià 휴가를 보내다
造访 zàofǎng 방문하다
绝佳 juéjiā 대단히[상당히] 아름답다[훌륭하다]
贴心 tiēxīn 가장 친하다, 마음이 맞다, 제일 가깝다, 마음에 들다
收获 shōuhuò 거두어들이다, 수확하다, 추수하다
首要标准 shǒuyàobiāozhǔn 가장 중요한 기준
以此 yǐcǐ 그래서, 그러므로, 이 때문에, 이것으로
温馨 wēnxīn 온화하고 향기롭다, 따스하다, 따뜻하다
卫星频道 wèixīngpíndào 위성채널
透露 tòulù 드러내다, 폭로하다, 누설하다
畅游 chàngyóu 마음껏 유람하다, 마음껏 수영하다
毫无 háowú 조금도…이 없다, 조금도…없다

pattern & drill

句型与训练

一. 문형연습

句型 1 不知 동 모른다, 알지 못하다. [자신이 어떤 일을 몰랐음을 설명하고 미안함을 나타낸다. 어떤 일이 발생하여 결과가 예측하기 어려움을 나타낸다. 당사자가 입은 영향이 커 결정을 내리지 못함을 나타낸다.]

> • 只知其然不知其所以然。
> * 단지 그런 줄만 알고 그렇게 된 까닭은 모른다.

练习

我以为是随便聚一聚,	不知	你今天过生日。
如果告诉你，又		把你急成什么样子。
我公司		怎样感谢你们才好。

句型 2 打听 동 물어보다, 알아 보다. [어떠한 사실·상황에 대해서 묻는 것으로, 상대방의 의견이나 생각을 묻는 것이 아니다.]

> • 跟您打听一件事。
> * 당신에게 한 가지 물어 보겠습니다.

练习

我要	打听	一下这件衣服的价钱。
四处奔跑		他们的消息。
公司让我		一下产品销售情况。

句型 3 吩咐 동 [구어]분부하다, [말로]시키다, 명령하다.

> • 您如有吩咐，一切照办。
> * 당신께서 분부를 하시면, 그대로 처리하겠습니다.

练习

我刚	吩咐	你的事，你别忘了。
王经理		的事情，我们一定办好。
我必当遵照您的		去办。

句型 4 带来 **동** 가져오다, 가져다주다, 데려오다.

• 广告给消费者带来相当大的影响。
* 광고는 소비자에게 상당한 영향력을 미친다.

练习

这对百姓	带来	无法估计的损害。
同韩国公司合作，会		很高的经济效益。
这项措施		许多麻烦及问题。

二. 아래의 대화를 중국어로 완성하세요.

(1) A: 现在你们饭店有没有房间?
B: ______________________________
(어떤 방이 필요하신지요? 스위트룸과 일반객실이 있습니다.)

(2) A: 房价里包含早餐吗?
B: ______________________________
(네. 아침 7시부터 두 시간 동안 뷔페를 제공합니다.)

(3) A: 在希尔顿饭店怎么利用那些服务设施呢?
B: ______________________________
(각 층에 있는 종업원들과 문의하시면 잘 안내할 것입니다.)

(4) A: 希尔顿饭店有去机场的大巴吗?
B: ______________________________
(매일 아침 7시 반에 무료 버스가 있습니다.)

三. 본문의 내용에 따라 아래의 질문에 중국어로 대답하세요.

(1) 希尔顿饭店的环境怎么样?客人需要交押金吗?
(2) 希尔顿饭店还有别的餐厅吗?在那里提供什么?
(3) 酒店门口打的方便吗?去机场需要多少钱?
(4) 这个酒店都有什么服务设施?

Exercise

练习

1. 상자 안에 주어진 단어 혹은 구를 사용하여 다음 문장을 완성하세요.

提供	还有	服务	打听	不知

(1) 我想预订房间，________现在有没有?

(2) 我们这里有普通间、套房，________高级房间。

(3) 我们每天早上________免费自助餐。

(4) 我想打听一下你们酒店的________。

(5) 请跟各楼层服务员________一下即可。

2. 주어진 단어들을 문법에 맞게 재배열하여 올바른 문장을 만드세요.

(1) 现在 | 不知 | 房间 | 你们 | 有没有 | 还 | 这里 |

→ ________________________________

(2) 姓名 | 号码 | 电话 | 及 | 请 | 留下 | 给我 | 您的 |

→ ________________________________

(3) 早点儿 | 我 | 早上 | 机场 | 退房 | 去 | 想 | 明天 |

→ ________________________________

(4) 一百元 | 你 | 够了 | 只需要 | 就 | 机场 | 去 |

→ ________________________________

(5) 本店 | 从 | 大巴了 | 那就 | 的 | 出发 | 坐 | 可以 |

→ ________________________________

3. 아래에 주어진 단어나 구를 사용하여 문장을 만드세요.

(1) 吩咐________________________________

(2) 打算________________________________

(3) 即可________________________________

(4) 可能________________________________

m.e.m.o.

租 房

셋집

외국에 장기 거주하는 사람들은 세집을 맞고 사는 경우가 많다. 보통 전세와 월세로 구분이 되지만 현재 중국의 경우 거의 월세가 전부이다. 그리고 예약금을 선불하는 경우도 있지만 대부분 지역에는 예약금이 없는 상태이다. 비록 셋집에서 생활하지만 생활하는 동안 이웃들과 정이 들게 되고 서로 의지하면서 즐겁고 화목한 나날을 보내는 경우가 아주 많다.

租房: 셋집

Dialogue 1 _ 집세 맞기

A: 喂，你好！你是房产中介吗?

B: 是啊，我是中原房产中介所的王经理。您是哪位?

A: 我是从韩国来的赵钟根，是来上海做生意的，我想租个房。

B: 不知您想租什么样的房子?我们这里现有平房、楼房、还有单独住宅呢，价钱都不一样。

A: 我想租一年楼房。房子不需要太大，两室一厅就行。楼层最好是7~8层，不知道月租费是多少?

B: 市中心较贵，但是城市外围的符合这条件的一般是70㎡左右的楼房需要2000元的月租费。

A: 我要市郊的楼房，还需要押金吗?

B: 月租的不需要押金 。咱们明天一起去看房子怎么样?

A: 好的，谢谢王经理。

A: Wèi, nǐ hǎo! nǐ shì fángchǎn zhōngjiè ma?

B: Shì a, wǒ shì zhōngyuán fángchǎn zhōngjiè suǒ de wáng jīnglǐ nín shì nǎ wèi?

A: Wǒ shì cóng hánguó lái de zhàozhōnggēn, shì lái shànghǎi zuò shēngyì de, wǒ xiǎng zū gè fáng.

B: Bùzhī nǐ xiǎng zū shénme yàng de fángzi? Wǒmen zhèlǐ xiàn yǒu píngfáng, lóufáng, hái yǒu dāndú zhùzhái ne, jiàqián dōu bù yīyàng.

A: Wǒ xiǎng zū yì nián lóufáng. Fángzi bù xūyào tài dà, liǎng shì yì tīng jiùxíng. Lóucéng zuì hǎo shì 7 ~ 8 céng, bù zhīdào yuè zū fèi shì duōshǎo?

B: Shì zhōngxīn jiào guì, dànshì chéngshì wàiwéi de fúhé zhè tiáojiàn de yībān shì 70㎡ zuǒyòu de lóufáng xūyào 2000 yuán de yuè zū fèi.

A: Wǒ yào shìjiāo de lóufáng, hái xūyào yājīn ma?

B: Yuè zū de bù xūyào yājīn. Zánmen míngtiān yìqǐ qù kàn fángzi zěnme yàng?

A: Hǎo de, xièxiè wáng jīnglǐ.

Dialogue 2 _ 이웃들

A: 小张，听说你要离开这儿?

B: 是，赵叔叔。我买了新房，离这儿有20公里左右。

A: 恭喜，恭喜。不过，真不想让你走。

B: 我也不想走。可是您知道，我家有四口人，只有两间房子，来个亲戚朋友也没地方住，他们还以为我不愿意接待。其实，真的没地方住。另外，租房子住，总不是个办法，得有个自己的房子才行。

A: 房子是小了点。邻居差不多都走了，想找个说话的人都没有，我看，我也应该走了。离开老邻居，真有点儿舍不得。

B: 没关系，大叔。我经常过来看您，还想吃您亲手做的韩国参鸡汤呢。

A: 我也住不了多长时间了。我签订的一年租期也快到了，我也该回国了。

B: 是吗?您走了那我只得去韩国才能见到您了，对吧?

A: 不会，不会。我会常来上海的。

A: Xiǎo zhāng, tīng shuō nǐ yào líkāi zhèr?

B: Shì, zhào shūshu wǒ mǎile xīnfáng, lí zhè'er yǒu 20 gōnglǐ zuǒyòu.

A: Gōngxǐ, gōngxǐ búguò, zhēn bùxiǎng ràng nǐ zǒu.

B: Wǒ yě bùxiǎng zǒu, kěshì nín zhīdào, wǒjiā yǒu sì kǒu rén, zhǐyǒu liǎng jiān fángzi, lái gè qīnqī péngyǒu yě méi dìfāng zhù, tāmen hái yǐwéi wǒ bù yuànyì jiēdài. Qíshí, zhēn de méi dìfāng zhù. Fángzi zhù, zǒng búshì gè bànfǎ, děi yǒu gè zijǐ de fángzi cái xíng.

A: Fángzi shì xiǎole diǎn. Línjū chàbùduō dōu zǒule, xiǎng zhǎo gè shuōhuà de rén dōu méiyǒu, wǒ kàn, wǒ yě yīnggāi zǒule. Líkāi lǎo línjū, zhēn yǒudiǎnr shěbudé.

B: Méiguānxì, dàshū wǒ jīngcháng guòlái kàn nín, hái xiǎng chī nín qīnshǒu zuò de hánguó shēn jītāng ne.

A: Wǒ yě zhù bùliǎo duō cháng shíjiānle wǒ qiāndìng de yī nián zū qí yě kuài dàole, wǒ yě gāi huíguóle.

B: Shì ma nín zǒule nà wǒ zhǐděi qù hánguó cáinéng jiàn dào nínle, duì ba?

A: Bù huì, bù huì wǒ huì cháng lái shànghǎi de.

生词 New Words

租 zū 세, 임차하다, 빌려 주다
喂 wèi 야, 어이, 여보세요[부르는 소리]
房产中介 fángchǎnzhōngjiè 부동산 중개
平房 píngfáng 단층집, 평지붕인 집
楼房 lóufáng 층집, 2층(이상의) 집
单独住宅 dāndúzhùzhái 단독 주택
价钱 jiàqián 값, 가격, 조건
两室一厅 liǎngshìyìtīng 침실[방] 두 개와 거실 하나
楼层 lóucéng 2층 이상의 각층, 층수, 층이 순서
月租费 yuèzūfèi 월세
外围 wàiwéi 주위, 외위, 바깥 둘레, 외곽
符合 fúhé 맞다, 일치하다, 부합하다
左右 zuǒyòu 가량, 안팎, 만큼, 내외
市郊 shìjiāo 교외
离 lí …에서, …로부터, …까지
恭喜 gōngxǐ [상투어] 축하하다
不过 búguò …에 지나지 않다, 그런데, 그러나, …에 불과하다
亲戚 qīnqī 친척, 부모형제, 일가족
以为 yǐwéi …을 …로 삼다, …을 …로 생각하다, 생각하다, 여기다, 알다, 인정하다
不愿意 búyuànyì 희망하지 않다, …하기를 바라지 않다, 동의하지 않다
接待 jiēdài 접대, 응접, 접대하다
其实 qíshí 사실은, 실제는, 실은
总不是 zǒngbúshì 전부는 아니다, 모든 것은 아니다
邻居 línjū 이웃, 이웃집, 이웃 사람
参鸡汤 shēnjītāng 삼계탕
签订 qiāndìng 조인하다, 체결하다, 함께 서명하다
常来 chánglái 자주 오다, 늘 오다

阅读一 외국인이 중국에서 집세 맞다(老外在中国租房)

有一个朋友，她是英国人，在中国已经住了三年，因为老公工作换到别的国家，今年夏天要离开了。她们家租的房子是在北京市郊的别墅区，主要是因为孩子要上国际学校，房租自然是公司出的钱，其实她老公和她的收入也一般，并不是多么富的人。

她家里所有的家具和装饰品都是她来北京后买的，大多数家具品质很好，价格估计也不菲，有些东西是属于凑合的。家里永远干净舒适漂亮，布置房间的品味真不错。花园也打理得整洁美丽。反正一般的房子，做不到她家那么漂亮。现在要离开了，她打算把绝大多数家具都带走，没看出她有啥发愁嫌麻烦的样子。其实我想说的是，她的文化或者家庭教育，给了她无论在哪里是否自己的房子也都优雅生活的能力。真的很羡慕这种能力，也希望我们能够慢慢习得。

词语

老外 Lǎowài 외국인, 촌뜨기, 시골뜨기
老公 lǎogōng 남편, 환관, 늙은이
别墅区 biéshùqū 별장지
房租 fángzū 집세, 점포세, 숙박료
自然 zìrán 자연, 저절로, 물론, 천연, 자연히
估计 gūjì 예측하다, 예정하다, 평가하다
不菲 bùfěi 적지 않다, 싸지 않다
凑合 còuhé 긁어모으다, 한 곳에 모으다, 가까이 오다
布置 bùzhì 배치(하다), 배열(하다), 설치(하다)
品味 pǐnwèi 품질과 맛, 맛을 보다, 체득하다
打理 dǎlǐ 처리하다, 정리하다, 상대해 주다
整洁 zhěngjié 말끔하다, 단정하고 깨끗하다
反正 fǎnzhèng 어차피, 결국, 어쨌든
发愁 fāchóu 걱정하다, 근심하다, 우려하다
嫌 xián 싫어하다, 역겨워하다, 꺼리다, 불만스럽게 생각하다, 맞갖잖게 느끼다
习得 xídé 습득(하다)

阅读二 숙박하다(住宿)

在中国，提供住宿服务的地方，一般都叫旅馆，不过旅馆和旅馆之间还是有差别的。住在最便宜的地方，人们说"住店"，住在普通的地方，人们说"住旅馆"，住在高级的地方，人们说"住饭店"、"住酒店"或者"住宾馆"。这些高级饭店，按照外国的做法，又分成不同的星级。其实，假如住的时间不长的话，很难发现这些高级饭店有什么区别。在中国，很多城市里最高、最漂亮的建筑就是高级饭店。

住在外面不一定就是住在旅馆里，很多人喜欢住在亲戚或朋友的家里。城市里的人，特别是中年、老年人，随时都准备接待那些来自农村的亲戚。这些亲戚认为，如果城里有亲戚，把钱交给旅馆既很愚蠢，也很没面子。

词语

提供 tígōng 제공하다
住宿 zhùsù 묵다, 유숙하다, 숙박하다
地方 dìfāng 지방, 곳, 그 지방
一般 yìbān 같다, 어슷비슷하다, 일종, 보통
不过 búguò …에 지나지 않다, 그런데, 그러나, …에 불과하다
差别 chābié 차이, 구별, 차별
便宜 piányi (값이) 싸다, 달콤하다, 공짜, 좋게 해 주다, 값을 깎다
普通 pǔtōng 보통이다, 일반적이다, 평범하다
做法 zuòfǎ (만드는) 법, (하는) 방법
星级 xīngjí 호텔 등급, 성능 등급, 품질 등급
其实 qíshí 사실은, 실은, 실제는
假如 jiǎrú 만약, 만일, 가령
亲戚 qīnqi 친척, 부모형제, 일가족
随时 suíshí 수시, 언제나, 때를 가리지 않고
来自 láizì (…에서) 오다, (…에서) 나오다[생겨나다]
愚蠢 yúchǔn 어리석다, 우둔하다, 미련하다
没面子 méimiànzi 면목 없다, 체면이 서지 않다
认为 rènwéi 여기다, 생각하다, 보다, 인정하다

pattern & drill

句型与训练

一. 문형연습

句型 1 得 동 [시간·금전 등이] 걸리다, 필요하다.

• 大概得三十多个小时。
* 대략 30여 시간 걸린다.

조동사 [마땅히] ~해야 한다. [의지·사실상의 필요를 나타낸다. 부정형은 '无须', '不用', '用不了', '要不了'를 쓰며 '不得'라고는 말하지 않는다.]

• 我有事，得快点儿去。
* 나는 일이 있어 빨리 가야 한다.

동 [추측의 필연성을 나타내어] ~임에 틀림없다. 부정형은 '不会'를 쓰며 '不得'라고 하지 않는다.]

• 外边雨还没停，你要是现在走，就得把衣服淋湿。
* 밖에 비가 아직 그치지 않았는데 지금 가면 틀림없이 옷을 적실 것이다.

练习

生产这些产品	得	用一年的时间。
合同期到了，我		回国了。
偷工减料，就		挨骂。

句型 2 离 개사 ~에서, ~로부터, ~까지. [공간적·시간적 거리를 나타낼 때 기준점이 되는 시간·장소를 나타내는 명사 앞에 쓰인다.]

• 我们公司离车站很近。
* 우리 회사는 정거장에서 매우 가깝다.

동 분리하다, 떠나다, 헤어지다, 갈라지다, 분산하다.

• 我是八月离开南京的。
* 나는 8월에 난징시를 떠났다.

练习

希尔顿饭店	离	我们公司不太远。
我搬家的地方		这儿很近。
发展国际贸易		不开政府的支持。

句型 3 愿意 동 희망하다, ~하기를 바라다, 동의하다. ['愿意'는 명사 목적어를 갖지 않고 대신 '同意'를 쓴다. 그리고 기꺼이 원해서 어떤 일을 하는 게 아니라면 '愿意'를 쓰지 않는다.]

• 他们对这件事很愿意了。
* 그들은 이 일에 전적으로 동의했다.

조동사 ~하고 싶어 하다, ~기꺼이 하다. [반의어는 '不愿意']

• 大家都愿意帮助下岗工人。
* 모두들 실직노동자를 기꺼이 돕는다.

练习

他们都	愿意	你留在这里。
假惺惺地表示		支持。
他不		，就别挤对他了。

句型 4 以为 동 ~을 ~로 삼다, ~을 ~로 생각하다, ~로 알다, ~로 인정하다, ~로 여기다. [주관적인 생각을 나타낼 때 사용한다.]

• 我以为应该这样做。
* 나는 이렇게 해야 한다고 생각한다.

练习

你错翻眼皮,	以为	我是好欺负的呢。
他老		自己高人一等。
那一点我		你早已知道了。
我满		他会同意的。

句型 5 舍不得 (헤어지기) 아쉽다, 미련이 남다, 섭섭하다.

• 他那套新衣服锁在箱子里舍不得穿。
* 그는 그 새 옷을 트렁크 안에 넣어 놓고 입기 아까워한다.

练习

我们都	舍不得	他走。
韩国客人都		离开上海。
连一块钱都		给，真是抠门儿。

二. 아래의 대화를 중국어로 완성하세요.

(1) A: 您想租什么样的房子?

B: ______________________________

(아파트인데 7~8층이고 그렇게 크지 않아도 됩니다.)

(2) A: 符合这个条件的房子，月租费是多少呢?

B: ______________________________

(도시외각의 70㎡되는 아파트는 월 2,000위안입니다.)

(3) A: 听说你买了新房子?

B: ______________________________

(네. 아파트인데 여기서 멀지않습니다.)

(4) A: 大叔，您也想离开这儿回韩国吗?

B: ______________________________

(1년 비자가 만기 되어 다음 달에는 한국에 돌아가야 합니다.)

三. 본문의 내용에 따라 아래의 질문에 중국어로 대답하세요.

(1) 要租房的人是谁?

(2) 从韩国来的这位先生要租什么样的房子?

(3) 这位韩国大叔会做什么菜?

(4) 小张为什么要离开这儿?

Exercise

练习

1. 상자 안에 주어진 단어 혹은 구를 사용하여 다음 문장을 완성하세요.

只得 | 生意 | 亲手 | 只有 | 还有

(1) 我是从韩国来上海做________的赵钟根。

(2) 我们这里有平房、楼房，________单独住宅等。

(3) 我买了新房，离这里________20公里。

(4) 您走了那我________去韩国才能见到您了。

(5) 我还想吃您________做的韩国参鸡汤呢。

2. 주어진 단어들을 문법에 맞게 재배열하여 올바른 문장을 만드세요.

(1) 什么 | 房子 | 样的 | 租 | 不知 | 想 | 您 |

→ ________________________________

(2) 符合 | 楼房 | 城市 | 的 | 外围 | 条件 | 这 |

→ ________________________________

(3) 不愿意 | 我 | 他们 | 还 | 接待 | 以为 |

→ ________________________________

(4) 有点儿 | 老 | 真 | 走 | 都 | 邻居 | 舍不得 |

→ ________________________________

(5) 租期 | 我 | 一年 | 到了 | 签订 | 也快 | 的 |

→ ________________________________

3. 아래에 주어진 단어나 구를 사용하여 문장을 만드세요.

(1) 符合________________________________

(2) 不过________________________________

(3) 以为________________________________

(4) 其实________________________________

旅 行

여행

여행방식에 따라 여행의 즐거움도 달라질 것이다. 기차여행도 많은 여행자들이 선호하는 여행방식의 하나로 한꺼번에 많은 곳을 구경할 수 있고 여러 곳의 경치와 풍습들도 만끽할 수 있다. 특히 지역에 따라 음식문화도 각자의 특징을 갖고 있어 맛 구경역시 여행에서 빼놓을 수 없는 중요한 내용의 하나가 될 수 있다.

旅行: 여행

Dialogue 1 _ 기차 여행

A: 车站人真多啊, 平常好像没有这么多人哪。

B: 明天是中国的国庆节, 学生都放假了。另外, 也有很多人出去旅游, 坐火车去旅游也是别有趣味的一种风格。

A: 我明白了。我们也是为了火车旅行而到火车站的嘛。可那些中国人为什么这么着急啊, 他们为什么还要跑啊?

B: 他们买的是硬座票。去晚了, 就没地方放行李了。我们买的是卧铺票, 不用着急。

A: 卧铺票有什么特别吗?不就是可以睡觉吗?

B: 人少啊。同样的车厢, 卧铺车厢的人数只有硬座车的一半, 东西当然少了。另外, 卧铺车管理得比较严格, 没有票的人不能上车, 可以保证每个人都有地方放行李。

A: 那么为什么不把所有的车厢都改成卧铺车厢呢?

B: 你以为中国人都那么有钱吗?再说, 要增加多少节车厢才够用啊。

A: Chēzhàn rén zhēn duō a, píngcháng hǎoxiàng méiyǒu zhème duō rén nǎ.

B: Míngtiān shì zhōngguó de guóqìng jié, xuéshēng dōu fàngjiàle. Lìngwài, yěyǒu hěnduō rén chūqù lǚyóu, zuò huǒchē qù lǚyóu yěshì bié yǒu qùwèi de yì zhǒng fēnggé.

A: Wǒ míngbáile, wǒmen yěshì wèile huǒchē lǚxíng ér dào huǒchē zhàn de ma. Kě nàxiē zhōngguó rén wéi shénme zhème zhāojí a, tāmen wèishéme hái yào pǎo a

B: Tāmen mǎi de shì yìngzuò piào. Qù wǎnle, jiù méi dìfāng fàng xínglǐle. Wǒmen mǎi de shì wòpù piào, bùyòng zhāojí.

A: Wòpù piào yǒu shén me tèbié ma bù jiùshì kěyǐ shuìjiào ma?

B: Rén shǎo a. Tóngyàng de chēxiāng, wòpù chēxiāng de rénshù zhǐyǒu yìngzuò chē de yíbàn, dōngxī dāngrán shǎole. Lìngwài, wòpù chē guǎnlǐ dé bǐjiào yángé, méiyǒu piào de rén bùnéng shàng chē, kěyǐ bǎozhèng měi gèrén dōu yǒu dìfāng fàng xínglǐ.

A: Nàme wèishénme bù bǎ suǒyǒu de chēxiāng dōu gǎi chéng wòpù chēxiāng ne?

B: Nǐ yǐwéi zhōngguó rén dōu nàme yǒu qián ma zàishuō, yào zēngjiā duōshǎo jié chēxiāng cái gòu yòng a

Dialogue 2 _ 도시여행

A: 今天我们去哪儿旅游啊?

B: 还没想好。听说大连不错，在海边，景色很美。

A: 但是，我们今天还没做长途旅行的准备啊！我建议，我们骑车逛城市怎么样?

B: 不错，是个好主意。到这个城市以后，我还是第一次骑车逛大街，太棒了！

A: 你看，街上有这么多人一起骑自行车真有意思。

B: 是啊，中国真不愧是自行车大国呀！

A: 从这儿一直往前走就是东方明珠了。那附近还有博物馆，我们去那儿看看怎么样?

B: 博物馆以后再去吧，我已经肚子饿了。听别人讲，上海有很多名菜，我们是否去尝一尝?

A: 前面有一条胡同，那个胡同的粤菜非常有名。据说，外国总统也在那里吃过饭。

B: 听说粤菜很贵啊，而且，粤菜里面什么动物都有，蛇呀，狗什么的。

A: 谁说的，没有的事。粤菜确实有用蛇做的菜但没有狗。

A: Jīntiān wǒmen qù nǎr lǚyóu a?

B: Hái méi xiǎng hǎo.tīng shuō dàlián búcuò, zài hǎibiān, jǐngsè hěn měi.

A: Dànshì, wǒmen jīntiān hái méi zuò chángtú lǚxíng de zhǔnbèi a wǒ jiànyì, wǒmen qí chē guàng chéngshì zěnme yàng!?

B: Búcuò, shìgè hǎo zhǔyì. dào zhège chéngshì yǐhòu, wǒ háishì dì yī cì qí chē guàng dàjiē, tài bàngle!

A: Nǐ kàn, jiē shàng yǒu zhème duō rén yìqǐ qí zìxíngchē zhēn yǒuyìsi.

B: Shì a, zhōngguó zhēn búkuì shì zìxíngchē dàguó ya!

A: Cóng zhèr yìzhí wǎng qián zǒu jiùshì dōngfāngmíngzhūle. Nà fùjìn hái yǒu bówùguǎn, wǒmen qù nàr kàn kàn zěnme yàng?

B: Bówùguǎn yǐhòu zài qù ba, wǒ yǐjīng dùzi èle. Tīng biérén jiǎng, shànghǎi yǒu hěnduō míng cài, wǒmen shìfǒu qù cháng yī cháng?

A: Qiánmiàn yǒu yītiáo hútòng, nàgè hútòng de yuècài fēicháng yǒumíng. Jùshuō, wàiguó zǒngtǒng yě zài nàlǐ chīguò fàn.

B: Tīng shuō yuècài hěn guì a, érqiě, yuècài lǐmiàn shénme dòngwù dōu yǒu, shé ya, gǒu shénme de.

A: Shéi shuō de, méiyǒu de shì. yuècài quèshí yǒuyòng shé zuò de cài dàn méiyǒu gǒu.

生词 New Words

车站 chēzhàn 역, 정거장, 정류소
平常 píngcháng 평소, 보통이다, 평범하다
好像 hǎoxiàng 마치 …과 같다, 예컨대, 예를 들면
放假 fàngjià 방학하다, 휴가로 쉬다, 휴가를 보내다
趣味 qùwèi 흥취, 흥미, 재미
风格 fēnggé 풍격, 품격, 태도나 방법
火车旅行 huǒchēlǚxíng 기차 여행
着急 zhāojí 조급해 하다, 안달아 하다, 안타까워하다
跑 pǎo 달리다, 도망하다, 어떤 일을 위해 뛰어다니다
硬座票 yìngzuòpiào 일반석 티켓, 보통권
卧铺票 wòpùpiào 침대 티켓, 침대권
不就是 bújiùshì 설사 …이라도 아닌가, 바로 …아닌가, …하면 되는 것 아닌가
保证 bǎozhèng 보증, 보증하다, 확보하다
车厢 chēxiāng 차량, 찻간, 객실이나 수화물 칸
旅游 lǚyóu 여행, 관광, 여행하다
景色 jǐngsè 경치, 풍경, 경색
长途 chángtú 장도, 먼 길, 장거리
骑车 qíchē 자전거를 타다
主意 zhǔyì 생각, 주견, 방법, 아이디어
逛大街 guàngdàjiē 대로를 거닐다, 거리를 한가로이 거닐다
不愧是 búkuìshì …로 손색없다, …에 부끄럽지 않다
附近 fùjìn 부근, 근처, 부근의
肚子 dùzi 위, 복부, 물체의 볼록하게 돌출된 부분
饿 è 배고프다, 굶다, 굶주리다
是否 shìfǒu …인지 아닌지, 여부
胡同 hútòng 골목, 작은 거리, 뒷골목
总统 zǒngtǒng 대통령, 총통
蛇 shé 뱀

阅读一 중국 교통 (中国交通)

中国的交通很发达。在各种交通方式中，最便宜、最准时的交通方式是火车。到2009年底，中国铁路长度达到86000公里，是亚洲第一，世界第二。火车的速度也越来越快，大部分时速超过100公里，时速最高的高铁超过了300公里。

中国的高速公路发展得很快，20年前，中国没有一条高速公路，到2009年底，高速公路通车里程达到65000公里，仅次于美国。经济发达的东部地区，所有城市和城市之间都有高速公路。经济不太发达的西部地区，高速公路也在快速发展，有些已经和国外的高速公路连接起来，可以把商品直接运到国外。

中国的空运和水运发展速度也非常快，人们不仅可以很方便地在国内旅行，也可以跨过天空和大海，走向世界各地。

词语

发达 fādá 발달하다, 발전시키다, 향상하다
交通方式 jiāotōng fāngshì 교통 방식, 교통 방법
最 zuì 가장, 제일, 아주, 매우, 최고, 으뜸
准时 Zhǔnshí 정확한 시간, 정각, 시간에 맞다
年底 niándǐ 연말, 세밑
时速 shísù 시속
高铁 gāotiě 고속철, 고속열차
里程 lǐchéng 노정, 발전과정, 이정
仅次于 jǐncìyú 버금가다
快速发展 kuàisùfāzhǎn 빠른 발전, 쾌속 발전
直接 zhíjiē 직접(의), 직접적(인)
空运 kōngyùn 공수, 공중수송, 운송하다
水运 shuǐyùn 수운, 해운
不仅 bùjǐn …만은 아니다, …일 뿐만 아니라
跨过 kuàguò 뛰어 넘다, 건너다, 도약하다
天空 tiānkōng 하늘, 공중, 하늘이 넓다
走向 zǒuxiàng 주향, 방향, …로 가다

阅读二 칭짱 철도(青藏铁路)

青藏铁路，东起青海省西宁市，西到西藏的拉萨，全长1956公里。2006年7月1日全线通车。

青藏铁路是目前世界上海拔最高的铁路，沿线平均气温在摄氏零度以下，空气中的氧气不到平原地区的一半。960公里铁路在海拔4000米以上，跨过唐古拉山最高点的海拔达到5072米。

青藏铁路给西藏带来了很好的发展机会，2007年，西藏地区接待游客超过400万人次，旅游收入增加了接近200亿。现在，青藏铁路正在修建复线，复线修通以后，铁路运输能力会提高一倍以上。

词语

青藏 qīngzàng 티베트(청해성과 서장자치구를 지칭함)
东起 dōngqǐ 동쪽에서 시작하다, 동쪽에서부터
西到 xīdào 서쪽에까지
拉萨 lāsà 라사(시장 자치구 소재지)
全长 quánchǎng 전장, 전체 길이
全线 quánxiàn 전선, 전 구간
通车 tōngchē 개통하다, 차가 다니다
海拔 hǎibá 배발
沿线 yánxiàn 연선, 선로를 따라 있는 땅
气温 qìwēn 기온, 대기의 온도
摄氏 shèshì 섭씨
氧气 yǎngqì 산소
不到 búdào 미치지 못하다, 부족하다, 이르지 못하다
接待 jiēdài 접대(하다), 응접(하다)
接近 jiējìn 접근하다, 가까이하다, 가깝다
修建 xiūjiàn 건설하다, 시공하다, 건조하다
复线 fùxiàn 복선
一倍 yíbèi 배, 한배

pattern & drill

◎ 句型与训练

一. 문형연습

句型 1 不愧 동 ~에 부끄럽지 않다, ~답다, 손색없다. [대개 '为' 또는 '是'와 연용(连用)된다.]

• 他不愧是一国代表。
* 그는 한 나라의 대표임에 부끄럽지 않다.

练习

王经理	不愧	是我们的模范。
这部著作		是当代的杰作。
张老师		为我校的模范教师。

句型 2 不就是 구어 ~가 아니냐? ~한 것이 아니야. [반문의 말투로 나무라는 뜻을 내포한다.]

• 不就是为了照顾她的女儿吗?
* 그녀의 딸을 돌보려는 게 아니냐?

练习

让我们来,	不就是	为了加班吗?
黄金周		休长假吗?
这个人		公司经理吗?

句型 3 主意 명 생각, 주견

• 大家七嘴八舌地一说, 他倒拿不定主意了。
* 모두들 제각기 떠들며 말하여 그는 마음을 결정하지 못했다.

방법, 생각, 의견, 아이디어

• 王老师给他出了好些主意。
* 왕선생님이 그에게 몇 가지 의견을 내 놓았다.

练习

怎么，你又改变	主意	了?
看来他还没有拿定		。
你别担心，我帮你打		。

句型 4　也是 역시 ~하다, ~라도, ~이다.

• 生个一男半女也是福气。
* 한두 명의 아이라도 낳는 것이 복이다.

구어 맞다, 옳다, 지당하다.

• 你说的也是，这样事情就变得很简单。
* 네 말이 맞아, 이러면 일이 아주 간단해져.

练习

说破了嘴唇子	也是	白说。
事已如此，后悔		枉然。
这个问题，我们		很注意的。

二. **아래의 대화를 중국어로 완성하세요.**

(1) A: 今天火车站为什么有那么多的人呢?
　　B: ____________________
　　(오늘은 중국의 국경일이어서 기차여행가는 사람이 아주 많습니다.)

(2) A: 卧铺票有什么特别吗?
　　B: ____________________
　　(엄격한 관리 때문에 표가 없는 사람은 차에 오르지 못합니다.)

(3) A: 我们骑自行车逛街怎么样?
　　B: ____________________
　　(좋은 생각입니다. 저도 그러고 싶습니다.)

(4) A: 听说那里的粤菜很有名，对吗?
　　B: ____________________
　　(맞습니다. 적지 않은 외국의 저명한 인사들도 그곳을 찾는다고 합니다.)

三. **본문의 내용에 따라 아래의 질문에 중국어로 대답하세요.**

(1) 那些买硬座票的人为什么那么着急?

(2) 在中国为什么不把所有车厢都改成卧铺车厢呢?

(3) 现在在中国骑自行车的人还很多吗?

(4) 你会骑车吗?为什么?

Exercise

练习

1. 상자 안에 주어진 단어 혹은 구를 사용하여 다음 문장을 완성하세요.

着急	还是	别有	一起	也是

(1) 坐火车去旅行也是________趣味的一种风格。

(2) 我们________为了火车旅行而到火车站的。

(3) 可那些中国人为什么这么________啊?

(4) 到这个城市以后，我________第一次骑车旅行。

(5) 街上有这么多人________骑自行车真有意思。

2. 주어진 단어들을 문법에 맞게 재배열하여 올바른 문장을 만드세요.

(1) 人数 | 硬座车 | 卧铺车厢 | 只有 | 一半 | 的 |

→ ______________________________

(2) 都有 | 可以 | 行李 | 放 | 地方 | 每个人 | 保证 |

→ ______________________________

(3) 中国人 | 吗 | 你 | 有钱 | 那么 | 以为 | 都 |

→ ______________________________

(4) 长途 | 准备 | 我们 | 旅 | 今天 | 的 | 没做 | 还 |

→ ______________________________

(5) 东方明珠 | 就是 | 从 | 前走 | 这儿 | 往 | 一直 |

→ ______________________________

3. 아래에 주어진 단어나 구를 사용하여 문장을 만드세요.

(1) 好像______________________________

(2) 不就是______________________________

(3) 不愧是______________________________

(4) 是否______________________________

学习汉语

• 중국어 공부

중국은 인구가 많고 땅이 넓을 뿐만 아니라 언어 역시 아주 풍부하다. 특히 지역 사투리는 너무나 다양하여 그 전부를 습득하기에는 한계가 있다. 따라서 우리는 표준언어를 고수할 수밖에 없다. 그리고 글로벌시대에 들면서 비즈니스 전문 중국어도 아주 인기를 끌고 있다.

学习汉语: 중국어 공부

Dialogue 1 _ 표준어

A: 听说，在中国各个地方说的话都不太一样，那么北京话是普通话吗?

B: 不完全是。北京话是地方话，也就是方言。普通话是中国的标准语言，两者还是有区别的。比如说普通话的发音和北京话差不多，但有些地方就不一样。

A: 什么地方不一样?您能不能具体地讲一下?

B: 比如说，北京话里有很多儿化音，普通话里儿化就很少。

A: 对了，我正想知道，什么时候用儿化音，什么时候不用?

B: 一般名词用儿化音。在说一些不太重要的事物，或者想表示亲切、轻松的语气的时候，北京话就常用儿化音。比如，小人，可以说成“小人儿”，大人，就不能说“大人儿”。妈妈的姐妹，可以叫“姨儿”，跟妈妈年龄产不多的人只能叫“阿姨”。

A: 这么麻烦啊，每次说话之前还要想这么多问题，太难了。

B: 你可以不用学北京话，学习普通话就可以了。

A: Tīng shuō, zài zhōngguó gège dìfāng shuō dehuà dōu bù tài yíyàng, nàme běijīng huà shì pǔtōnghuà ma?

B: Bù wánquán shì. Běijīng huà shì dìfāng huà, yě jiùshì fāngyán. Pǔtōnghuà shì zhōngguó de biāozhǔn yǔyán, liǎng zhě háishì yǒu qūbié de. Bǐrú shuō pǔtōnghuà de fā yīn hé běijīng huà chàbùduō, dàn yǒuxiē dìfāng jiù bù yíyàng.

A: Shénme dìfāng bù yíyàng nín néng bunéng jùtǐ de jiǎng yíxià?

B: Bǐrú shuō, běijīng huà li yǒu hěnduō ér huà yīn, pǔtōnghuà li ér huà jiù hěn shǎo.

A: Duìle, wǒ zhèng xiǎng zhīdào, shénme shíhòu yòng er huà yīn, shénme shíhòu búyòng?

B: Yībān míngcí yòng er huà yīn. Zài shuō yìxiē bù tài zhòngyào de shìwù, huòzhě xiǎng biǎoshì qīnqiè, qīngsōng de yǔqì de shíhòu, běijīng huà jiù chángyòng er huà yīn. Bǐrú, xiǎo rén, kěyǐ shuō chéng “xiǎo rénr”, dàrén, jiù bùnéng shuō “dàrénr”, māmā de jiěmèi, kěyǐ jiào “yír”, gēn māmā niánlíng chǎn bù duō de rén zhǐ néng jiào “āyí”.

A: Zhème máfan a, měi cì shuōhuà zhīqián hái yào xiǎng zhème duō wèntí, tài nánle.

B: Nǐ kěyǐ bùyòng xué běijīng huà, xuéxí pǔtōnghuà jiù kěyǐle.

Dialogue 2 _ 비즈니스 중국어

A: 随着中国的开放，外国人来中国做贸易、投资、建企业的人越来越多了。

B: 是啊，这样一来，不仅外国人学习汉语的人越来越多，而且学习商务汉语的人也明显地多了起来。

A: 那么，商务汉语跟普通汉语有什么不同的地方吗?

B: 商务汉语这个概念出现的很晚。20世纪80年代末，在对外经济贸易大学等学校里出现了经贸汉语课程，目的是帮助外国人在中国做贸易。后来就随着形势的发展经贸汉语也就变成了商务汉语。

A: 我想知道，现在的商务汉语都包括哪些内容呢?

B: 最基本的商务汉语是去吃饭、住宿、旅行、买东西时的语言。如果你在地摊上和小商贩讨价还价，跟老板在会议室里的商务谈判大同小异。

A: 跟小商贩讨价还价和正常的商务谈判肯定有区别吧?

B: 区别当然有，就是你想省10块钱，他想省100万。如果想把谈判的内容换成100万，可能还要学得更多一些，比如，应该学习一些经济、金融、法律等相关知识。

A: Suízhe zhōngguó de kāifàng, wàiguó rén lái zhōngguó zuò màoyì, tóuzī, jiàn qǐyè de rén yuè lái yuè duōle.

B: Shì a, zhèyàng yī lái, bùjǐn wàiguó rén xuéxí hànyǔ de rén yuè lái yuè duō, érqiě xuéxí shāngwù hànyǔ de rén yě míngxiǎn de duōle qǐlái.

A: Nàme, shāngwù hànyǔ gēn pǔtōng hànyǔ yǒu shén me bùtóng de dìfāng ma?

B: Shāngwù hànyǔ zhège gàiniàn chūxiàn de hěn wǎn.20 Shìjì 80 niándài mò, zài duìwài jīngjì màoyì dàxué děng xuéxiào lǐ chūxiànle jīngmào hànyǔ kèchéng, mùdì shì bāngzhù wàiguó rén zài zhōngguó zuò màoyì. Hòulái jiù suízhe xíngshì de fā zhǎn jīngmào hànyǔ yě jiù biàn chéngle shāngwù hànyǔ.

A: Wǒ xiǎng zhīdào, xiànzài de shāngwù hànyǔ dōu bāokuò nǎxiē nèiróng ne?

B: Zuì jīběn de shāngwù hànyǔ shì qù chīfàn, zhùsù, lǚxíng, mǎi dōngxī shí de yǔyán. Rúguǒ nǐ zài dìtān shàng hé xiǎo shāngfàn tǎojiàhuánjià, gēn lǎobǎn zài huìyì shì lǐ de shāngwù tánpàn dàtóngxiǎoyì.

A: Gēn xiǎo shāngfàn tǎojiàhuánjià hé zhèngcháng de shāngwù tánpàn kěndìng yǒu qūbié ba?

B: Qūbié dāngrán yǒu, jiùshì nǐ xiǎng shěng 10 kuài qián, tā xiǎng shěng 100 wàn. Rúguǒ xiǎng bǎ tánpàn de nèiróng huàn chéng 100 wàn, kěnéng hái yào xué dé gèng duō yīxiē, bǐrú, yīnggāi xuéxí yìxiē jīngjì, jīnróng, fǎlǜ děng xiāngguān zhīshì.

生词 New Words

普通话 pǔtōnghuà 표준어, 현대 중국어의 표준어
方言 fāngyán 방언, 사투리
区别 qūbié 구별, 구별하다, 식별하다
发音 fāyīn 발음, 발음하다, 소리를 내다
儿化音 erhuàyīn 글자 뒤에 '儿'이 붙어, 읽을 때 앞 글자와 붙어 같이 소리 나며, 앞 음절의 운모(韵母)를 권설卷舌)운모가 되게 하는 것을 말함.
名词 míngcí 명사, 전문 용어, 학술어
或者 huòzhě 아마, …든지, 또는
亲切 qīnqiè 친근하다, 친밀하다, 친절하다
轻松 qīngsōng 수월하다, 홀가분하다, 가뿐하다
语气 yǔqì 어기, 어세, 말투, 어투
说成 shuōchéng …라고 말하다, …라고 간주하다
姨 yí 이모, 처의 자매
年龄 niánlíng 연령, 나이
随着 suízhe…에 따라서, …뒤이어, …에 따라
开放 kāifàng 피다, 해제하다, 출입·통행을 개방하다
投资 tóuzī 투자, 투자하다
越来越多 yuèláiyuèduō 점점 많아지다
商务汉语 shāngwùhànyǔ 비즈니스 한어, 비즈니스 중국어
明显地 míngxiǎnde 뚜렷하게, 분면하게, 분명히 드러나게
概念 gàiniàn 개념
对外经济贸易 duìwàijīngjìmàoyì 대외 경제무역
住宿 zhùsù 묵다, 유숙하다, 숙박하다
地摊 dìtān 노점, 땅바닥이나 널판지 위에 앉는 것
小商贩 xiǎoshāngfàn 소상인, 노점상인, 행상인
商务谈判 shāngwùtánpàn 비즈니스 협상, 비즈니스 담판
肯定 kěndìng 긍정하다, 인정하다, 긍정적이다
大同小异 dàtóngxiǎoyì 대동소이하다, 큰 차이가 없다
省 shěng 아끼다, 절약하다, 덜다

阅读一 중국어 공부(学习汉语)

学习汉语和学习其他语言没有本质的区别，年龄越小，学起来越快。成年人学起来会困难一些，但也能学得很好。

学习语言最主要的是学习基本能力，也就是听、说、读的能力。如果能用汉语写文章，那当然更好，但开始的时候，写得目的是帮助提高听、说、读的能力。对外国学生来说，真正需要写作的时候是比较少的。除了你以后当老师或者作家，或者从事学术研究，否则，把你能说的写出来就够了。因此，不要把太多的时间用在学习语法上，要用在提高基本能力上。另外，扩大词汇量也是提高汉语水平的关键之一。学习词汇，最好的办法是把它与生活和工作结合起来。当然，少不了勤奋和努力，也少不了时间和精力的付出。

词语

本质的 běnzhíde 본질적
汉语 hànyǔ 한어, 중국어
其他 qítā 기타, 그 외, 그 밖
年龄 niánlíng 연령, 나이
学起来 xué qǐlái 배우기 시작하다(起来는 동사나 형용사 뒤에 붙어, 동작이나 상황이 시작되고 또한 계속됨을 나타냄
目的 mùdì 목적
真正 zhēnzhèng 진정한, 참된, 참으로
作家 zuòjiā 작가
从事 cóngshì 종사하다, 처리하다, 일을 하다
学术研究 xuéshùyánjiū 학술연구
否则 fǒuzé 만약 그렇지 않으면
因此 yīncǐ 그래서, 그러므로, 이 때문에
词汇 cíhuì 어휘
关键 guānjiàn 관건, 매우 중요한, 키포인트
少不了 shàobùliǎo 없어서는 안 되다, 빼놓을 수 없다, …하지 않을 수 없다
勤奋 qínfèn 근면하다, 꾸준하다, 열심이다
付出 fùchū 지불하다, 지출하다, 바치다

阅读二 기억하는 방법(记忆法)

无论学习什么，记忆力都是非常重要的，对于学习语言，尤为重要。因此，有人认为自己进步慢的原因是记忆力不好。其实，这种看法是错误的。如果没受过特殊训练，每个人的记忆力基本上是相同的。

当人们学会了游泳，学会了骑自行车，一生都不会忘记，很重要的原因就是，这些能力大部分是靠肌肉记住的，而不是用脑子记住的。凡是用脑子记住的东西都会忘记，而靠肌肉记住的东西是很难忘记的。很多人学习语言是靠脑子。脑子可以在短时间内记忆大量的词汇，看起来效率很高，但很难记得住。有的人学习是靠肌肉，他们不停地说，反复听，常常写，结果，他们的语言能力提高得很快。最笨的办法有时候就是最聪名的办法。

词语

无论 Wúlùn …에도 불구하고, …에 관계없이, …도 상관없이
记忆力 jìyìlì 기억력
对于 duìyú …관해서, …대해서, …에는, …대해
尤为 yóuwéi 더욱이, 특히, 특별히
受过 shòuguò 받은 적 있다, 받아들인 적 있다
肌肉 jīròu 근육
脑子 nǎozi 뇌, 머리, 두뇌
都会 dūhuì 모두 …할 것이다, 모두 …할 수 있다, 다 …일 것이다
靠 kào 의지하다, 의거하다,
不停地 bùtíngde 멈추지 않고, 끊임없이, 서지 않고, 계속해서
反复 fǎnfù 이랬다저랬다 하다, 반복하다, 되풀이하다
笨的 bènde 어리석은 것, 서투른 것, 둔한 것
聪名 cōngmíng 총명하다, 영리하다, 똑똑하다
其实 qíshí 실은, 사실은, 실제는
错误的 cuòwù de 착오적, 잘못된 것, 틀린 행위인 것
受过 shòuguò 과실에 대한 책임을 지다, …받은 적 있다, …을 받았다
特殊训练 tèshū xùnliàn 특수 교육

pattern & drill

句型与训练

一. 문형연습

句型 1 **或者** 부 아마, 어쩌면, 혹시(~인지 모르다).

• 你快走，或者还赶得上车。
* 어서 가라. 어쩌면 차를 탈 수도 있겠다.

접속사 ~(이)거나, ~든지, 혹은, 또는, ~이 아니면 ~이다.

• 或者你去，或者我去，都行。
* 네가 가든지 아니면 내가 가든지 다 괜찮다.

练习

你叫我李先生	或者	老李都行。
这批货		这个月，或者下个月，一定发过去。
你们公司的电器		纺织品，我们都喜欢。

句型 2 **越来越** 부 점점, 더욱더['越来越'와 술어 사이에는 '很, 比较, 非常' 등 정도 부사를 쓸 수 없다. 그리고 '越来越'는 정도보어 구조의 술어 앞에 올 수 없고, '越来越'는 부사이기 때문에 주어 앞에 위치하지 않는다.]

• 每天来这里玩儿的人越来越多了。
* 매일 여기 와서 노는 사람이 점점 많아졌다.

练习

热爱劳动的人	越来越	多了。
现在		多的人，相出国旅行。
大学毕业后		多的人在找工作。

句型 3　说成 동 ~라고 말하다, ~라고 간주하다.

• 他竟然把黑说成白。
* 그는 뜻밖에도 흑을 백이라고 말한다.

练习

我们决不能对的	说成	错误的。
他们把这些产品		全国一流。
很多人把上海		中国的金融中心。

句型 4　随着 ~따라서, ~뒤이어, ~에 따라. [어떤 상황 또는 행동이 연이어 발생하면 '随着'를 쓰지 않고 '随后'를 쓴다.]

• 随着国民经济的发展，国民生活逐步得到改善。
* 국민경제가 발전함에 따라 국민생활이 점차 개선되었다.

练习

随着	时代的不同，风俗也不同了。
	西方文化的进入，传统礼节也逐渐消失了。
	改革开放，中国经济有了很大变化。

二. 아래의 대화를 중국어로 완성하세요.

(1) A: 北京话是普通话吗?
B: ______________________________
(베이징 말은 지역 또는 방언입니다.)

(2) A: 北京话也是够麻烦的吧?
B: ______________________________
(그렇습니다. 때문에 베이징말을 배우지 말고 표준말을 배우십시오.)

(3) A: 现在学习汉语的外国人多吗?
B: ______________________________
(그렇습니다. 중국에 투자하고 무역하는 사람들이 점점 많기 때문입니다.)

(4) A: 跟小商贩讨价还价和商务谈判一样吗?
B: ______________________________
(같지 않습니다. 규모나 협상내용들이 완전히 구분됩니다.)

三. **본문의 내용에 따라 아래의 질문에 중국어로 대답하세요.**

(1) 什么是普通话?

(2) 北京话和普通话有什么区别?

(3) 现在的商务汉语都包括哪些内容?

(4) 商务汉语是怎么出现的?

Exercise

练习

1. 상자 안에 주어진 단어 혹은 구를 사용하여 다음 문장을 완성하세요.

明显地	有什么	不太	差不多	很多

(1) 在中国各个地方说的话都__________一样。

(2) 普通话的发音和北京话__________，但是不一样。

(3) 北京话里有__________儿化音，普通话里就很少。

(4) 现在学习商务汉语的人也__________多了起来。

(5) 商务汉语跟普通汉语__________不同的地方吗?

2. 주어진 단어들을 문법에 맞게 재배열하여 올바른 문장을 만드세요.

(1) 普通话 | 一样 | 北京话 | 不 | 和 | 地方 | 什么 |

→ ______________________________

(2) 具体地 | 您 | 讲一下 | 给 | 能不能 | 我 |

→ ______________________________

(3) 还要 | 问题 | 每次 | 之前 | 这么多 | 说话 | 想 |

→ ______________________________

(4) 概念 | 商务 | 很晚 | 这个 | 的 | 出现 | 汉语 |

→ ______________________________

(5) 汉语 | 现在 | 内容 | 的 | 包括 | 哪些 | 都 | 商务 |

→ ______________________________

3. 아래에 주어진 단어나 구를 사용하여 문장을 만드세요.

(1) 或者______________________________

(2) 说成______________________________

(3) 明显地______________________________

(4) 肯定______________________________

休闲

여가

여가와 일은 분명히 구분된다. 즉 하나는 기쁨을 가지고 자유롭지만 또 다른 하나는 비록 부를 창조하기는 하지만 엄격한 제약을 받는 차이가 있다. 현대사회에서 한국은 물론 모든 선진국들에서는 모두 여가를 즐기면서 여유 있는 생활을 한다. 하지만 대부분 중국인들은 아직 여가를 가질 겨를이 없이 바삐 보내면서 생활하는 것이 현재 중국의 현실이다.

休闲: 여가

Dialogue 1 _ 여가 방식

A: 在我们韩国每到周末，人们就会休闲。

B: 我知道，亚洲人也好欧洲人也好，发达国家的人差不多都这样。所以暑假的时候最好不要去大学访问，大部分人早就去休假了。

A: 可是你们中国人不休息，他们周末也工作，要么加班，我不太理解。

B: 你们休闲的时候都作什么?

A: 每个人都不一样。有的去海边旅游，有的看球赛，有的听歌剧。到了夏天最热的时候，很多人都去阴凉的地方野营。

B: 你们去海边的时候，有人服务吗?比如，饭店、餐厅、酒吧，这些地方开门吗?

A: 当然有人服务。不过，服务的人也不太多。

B: 那些运动员、演员也不能休息吧?

A: 我明白你的意思。这些人会在别的时候休闲。

B: 那就对啦。

A: Zài wǒmen hánguó měi dào zhōumò, rénmen jiù huì xiūxián.

B: Wǒ zhīdào, yàzhōu rén yě hǎo ōuzhōu rén yě hǎo, fādá guójiā de rén chàbùduō dōu zhèyàng. Suǒyǐ shǔjià de shíhòu zuì hǎo búyào qù dàxué fǎngwèn, dà bùfèn rén zǎo jiù qù xiūjiàle.

A: Kěshì nǐmen zhōngguó rén bù xiūxí, tāmen zhōumò yě gōngzuò, yàome jiābān, wǒ bù tài lǐjiě.

B: Nǐmen xiūxián de shíhòu dōu zuò shénme?

A: Měi gèrén dōu bù yíyàng. Yǒu de qù hǎibiān lǚyóu, yǒu de kàn qiúsài, yǒu de tīng gējù. Dàole xiàtiān zuì rè de shíhòu, hěnduō rén dōu qù yīnliáng de dìfāng yěyíng.

B: Nǐmen qù hǎibiān de shíhòu, yǒurén fúwù ma? Bǐrú, fàndiàn, cāntīng, jiǔbā, zhèxiē dìfāng kāimén ma?

A: Dāngrán yǒurén fúwù búguò, fúwù de rén yě bù tài duō.

B: Nàxiē yùndòngyuán, yǎnyuán yě bùnéng xiūxí ba?

A: Wǒ míngbai nǐ de yìsi zhèxiē rén huì zài bié de shíhòu xiūxián.

B: Nà jiù duì la.

Dialogue 2 _ 여가와 일

A: 你说，休闲和休息一样吗?

B: 当然有区别，休闲不是休息，休闲也不仅仅是玩儿。

A: 那么，你认为什么是休闲呢?

B: 休闲是可以做你自己想做的事，这些事并不给你带来新的财富。

A: 休闲和工作也不一样吧?

B: 是的。休闲和工作的区别主要有两点： 一个是为了愉悦，一个是为了财富，一个是自由的，一个是受到严格的约束。在中国，人们常常为休闲和工作的关系发生争论。

A: 为什么会有争论呢?

B: 有人说，休闲是为了更好地工作；有人说，工作是为了更好地休闲。

A: 你认为哪种想法是正确的?

B: 中国的传统文化是农业文化，农民使用土地的方法就是让它们轮流休闲。冬天休闲，春天生产，或者春天休闲，秋天生产。如果一块儿土地一直没有休闲，它的产量就会降低。因此，休闲是为了长期和更多的收获。

A: 这么说我们得拼命挣钱，努力花钱了。

B: 非常聪明，就是这个道理。

A: Nǐ shuō, xiūxián hé xiūxí yíyàng ma?

B: Dāngrán yǒu qūbié, xiūxián búshì xiūxí, xiūxián yě bùjǐn jǐn shì wánr.

A: Nàme, nǐ rènwéi shénme shì xiūxián ne?

B: Xiūxián shì kěyǐ zuò nǐ zìjǐ xiǎng zuò de shì, zhèxiē shì bìng bù gěi nǐ dài lái xīn de cáifù.

A: Xiūxián hé gōngzuò yě bù yíyàng ba?

B: Shì de. Xiūxián hé gōngzuò de qūbié zhǔyào yǒu liǎng diǎn: Yīgè shì wèile yúyuè, yígè shì wèile cáifù, yígè shì zìyóu de, yígè shì shòudào yángé de yuēshù. Zài zhōngguó, rénmen chángcháng wèi xiūxián hé gōngzuò de guānxì fāshēng zhēnglùn.

A: Wèishénme huì yǒu zhēnglùn ne?

B: Yǒurén shuō, xiūxián shì wèile gèng hǎo de gōngzuò; yǒurén shuō, gōngzuò shì wèile gèng hǎo de xiūxián.

A: Nǐ rènwéi nǎ zhǒng xiǎngfǎ shì zhèngquè de?

B: Zhōngguó de chuántǒng wénhuà shì nóngyè wénhuà, nóngmín shǐyòng tǔdì de fāngfǎ jiùshì ràng tāmen lúnliú xiūxián. Dōngtiān xiūxián, chūntiān shēngchǎn, huòzhě chūntiān xiūxián, qiūtiān shēngchǎn. Rúguǒ yíkuàir tǔdì yìzhí méiyǒu xiūxián, tā de chǎnliàng jiù huì jiàngdī. Xiūxián shì wèile chángqí hé gèng duō de shōuhuò.

A: Zhème shuō wǒmen děi pīnmìng zhèng qián, nǔlì huā qiánle.

B: Fēicháng cōngmíng, jiùshì zhège dàolǐ.

生词 New Words

休闲 xiūxián 레저 활동(을 하다), 휴한하다, (휴일의)휴식 오락 활동(을 즐기다)
周末 zhōumò 주말
亚洲 yàzhōu 아시아, 아시아 주
欧洲 ōuzhōu 구주, 유럽, 유럽주
差不多 chàbùduō 일반적인, 거의, 큰 차이가 없다
暑假 shǔjià 여름방학
早就 zǎojiù 이미, 진작, 벌써
加班 jiābān 잔업하다, 증편하다, 초과 근무하다
理解 lǐjiě 이해, 이해하다
歌剧 gējù 가극, 오페라
阴凉 yīnliáng 그늘지고 서늘하다, 그늘지고 서늘한 곳
野营 yěyíng 야영, 야영하다, 캠핑하다
演员 yǎnyuán 배우, 연기자, 출연자
仅仅 jǐnjǐn 단지, 다만, 겨우
财富 cáifù 부, 재산, 자원
愉悦 yúyuè 유열, 기쁨, 유쾌하고 기쁘다
严格 yángé 엄격하다, 엄하다, 엄격히 하다
约束 yuēshù 단속하다, 제약하다, 얽매다
争论 zhēnglùn 쟁론, 논쟁, 논쟁하다
轮流 lúnliú 교대로 하다, 순번대로 하다, 돌아가면서 하다
一直 yìzhí 줄곧, 곧바로, 똑바로
降低 jiàngdī 내리다, 인하하다, 낮아지다
收获 shōuhuò 거두어들이다, 수확하다, 추수하다
拼命 pīnmìng 필사적으로 하다, 목숨을 내던지다, 목숨을 버리다
挣钱 zhèngqián 돈을 벌다
花钱 huāqián 돈을 쓰다, 돈을 소비하다
聪明 cōngmíng 총명하다, 영리하다, 똑똑하다
道理 dàolǐ 규칙, 도리, 일리

阅读一 여가(休闲)

休闲不是休息，休闲也不仅仅是玩。休闲是可以做你自己想做的事，这些事并不给你带来新的财富。休闲和工作的区别主要是，一个是为了愉悦，一个是为了财富；一个是自由的，一个受到严格的约束。在中国，人们常常为休闲和工作的关系发生争论。有人说，休闲是为了更好地工作，有人说，工作是为了更好地休闲。

中国的传统文化是农业文化，农民使用土地的方法就是让它们轮流休闲。冬天休闲，春天生产，或者春天休闲，秋天生产。如果一块土地一直没有休闲，它的产量就会降低。因此，休闲是为了长期和更多的收获。

进入21世纪后，中国人的观念发生了很大的变化，以休闲为生活目标的人越来越多。许多年轻人的生活态度是：拼命挣钱，努力花钱。也就是说，创造财富只是一个手段，而消费财富是生活的目的。

词语

休闲 Xiūxián (경작지를)묵히다, 휴한[휴경]하다, 레저 활동(을 하다), 여가
不仅仅 bùjǐnjǐn …뿐만 아니다, …만이 아니다
新的 xīnde 새것, 새로운 것, 새롭다
财富 cáifù 부, 재산, 자원
愉悦 yúyuè 유쾌하고 기쁘다, 유열, 기쁨, 기뻐하다
约束 yuēshù 단속[구속]하다, 제약[제한]하다, 얽매다
争论 zhēnglùn 쟁론, 논쟁, 논쟁하다
轮流 lúnliú 교대로 하다, 순번대로 하다, 돌아가면서 하다
降低 jiàngdī 내리다, 인하하다, 낮아지다
观念 guānniàn 관념, 생각, 의식
拼命 pīnmìng 필사적으로 하다, 목숨을 내던지다, 열심히 하다
挣钱 zhèngqián 돈을 벌다
花钱 huāqián 돈을 쓰다, 돈을 소비하다
创造 chuàngzào 창조하다, 발명하다, 만들다
可以做 kěyǐ zuò …할 수 있다, …해도 좋다
并不 bìngbù 결코 …하지 않다, 결코 …이 아니다

阅读二 중국인들의 여가(中国人的休闲)

中国中央电视台近日发布《中国经济生活大调查》数据显示，中国人每天的休闲时间平均是2.55小时，比较3年前的2.16小时有所增加，但仍只有发达经济体的一半。中国人1/3的休闲时间用在互联网上，尤其是手机。调查还显示，收入越高的人，休闲时间相应越长。年收入在5～6万元或以下的，每天的休闲时间则在160分钟以下。而年收入在21～30万元或30万元以上的群体，每天的休闲时间在180～190分钟之间。也就是说"玩的越多，越有钱"。专家认为，中国国民的时间使用效率较低，1/3休闲时间是消极的，现在是时候学会如何玩，如何休闲。

词语

中央电视台 zhōngyāngdiànshìtái 중국 중앙 텔레비전 방송국(CCTV방송)
大调查 dàdiàochá 전면 조사, 대 조사
平均 píngjūn 평균하다, 고르게 하다, 균등히 하다
近日 jìnrì 근래, 근일, 요즈음
发布 fābù 발포하다, 선포하다
显示 xiǎnshì 과시하다, 디스플레이, 현시하다, 뚜렷하게 나타내 보이다
比较 bǐjiào 비교하다, 비교적, …에 비해
有所 yǒusuǒ 다소[어느 정도, 좀] …하다,
仍 réng (그대로)따르다, 아직도, 여전히
互联网 hùliánwǎng 인터넷
尤其是 yóuqíshì 게다가, 특히, 더욱, 더군다나
相应 xiāngyìng 상응하다, 서로 맞아 어울리다, 호응하다, …에 맞게
则 zé 오히려, 그러나
而 ér …(하)고(도), …지만, …나, …면서,
群体 qúntǐ 단체, 무리, 복합체
消极 xiāojí 부정적인, 소극적이다
时候 shíhou 시간, 때, 시각
如何 rúhé 어떻게, 어떤, 어떻게 하면
效率 xiàolǜ 효율, 능률

pattern & drill

◎ 句型与训练

一. 문형연습

句型 1 **差不多** 형 (정도·시간·거리 따위에서) 비슷하다, 대강 같다, 큰 차이 없다.

• 这次考试他们俩的成绩差不多。
* 이번 시험에서 그들 둘은 성적이 비슷했다.

일반적인, 보통의, 웬만한. [뒤에 '的'를 붙여 명사를 수식한다.]

• 500元，这差不多是老师的一个月工资。
* 500원이면 교사의 보통 한 달 월급이다.

练习

现在的中国人也	差不多	都喜欢旅游。
暑假时大学生们		都去国内或国外旅游。
到这里旅游的		都是外国人。

句型 2 **早就** 부 훨씬 전에, 이미, 일찍이, 진작, 벌써

• 他早就懂了，不用再讲了！
* 그는 이미 이해했으니, 다시 얘기할 필요가 없다.

练习

他们的作品	早就	受到了好评。
照说我们		应该通知你的。
这次的日程安排		制定好了。

句型 3 **常常** 부 자주, 종종, 항상, 늘, 흔히, 언제나. [부정을 할 때는 '不常'을 쓰고 '不常常(儿)'은 쓰지 않는다.]

• 她常常（儿)工作到深夜。
* 그녀는 항상 밤늦게까지 일한다.

练习

他们的访问日程	常常	会突然变卦。
我刚到上海的时候，因为不懂上海话，		闹笑话。
在休闲的时候，很多中国人		在工作。

句型 4　**那就** 그러면, 그렇다면, ~(한)다면

• 他要是肯用功，那就好了。
* 그가 만약 공부를 하려고만 한다면 좋다.

练习

你要是想现在去，	那就	请便吧。
得不到签证，		去不成了。
如果今天完不成，		明天吧！

二. 아래의 대화를 중국어로 완성하세요.

(1) A: 现在人们一到周末就会休闲吗?
B: ____________________
(생활수준이 높아지면서 여가를 즐기는 사람들이 점점 많아집니다.)

(2) A: 你们休闲的时候都做什么呢?
B: ____________________
(보통 여행하고 영화구경하며 캠핑하는 사람들로 각자 다 다릅니다.)

(3) A: 什么是休闲呢?
B: ____________________
(여가는 자유로이 하고 싶은 일을 하는 것이고 돈 버는 것과 다릅니다.)

(4) A: 休闲也是为了更好地工作吗?
B: ____________________
(여가를 보내는 것 역시 장기적으로 더 많은 수확을 위해서입니다.)

三. 본문의 내용에 따라 아래의 질문에 중국어로 대답하세요.

(1) 你觉得很多中国人为什么在休闲时不休息?
(2) 你休闲的时候都做什么?
(3) 你认为休闲与工作有什么区别?
(4) 你喜欢挣钱，还是喜欢花钱?为什么?

Exercise

练习

1. 상자 안에 주어진 단어 혹은 구를 사용하여 다음 문장을 완성하세요.

野营 | 要么 | 不仅仅 | 可以 | 每到

(1) 我们韩国＿＿＿＿＿周末，人们就会休闲。

(2) 他们周末也工作，＿＿＿＿＿加班，我不太理解。

(3) 到了夏天最热的时候，很多人都去＿＿＿＿＿。

(4) 休闲不是休息，休闲也＿＿＿＿＿是玩儿。

(5) 休闲是＿＿＿＿＿做你自己想做的事情。

2. 주어진 단어들을 문법에 맞게 재배열하여 올바른 문장을 만드세요.

(1) 差不多 | 国家 | 这样 | 都 | 人 | 发达 | 的 |

→ ＿＿＿＿＿＿＿＿＿＿＿＿＿＿＿＿＿＿＿＿

(2) 最好 | 访问 | 暑假 | 不要去 | 的 | 大学 | 时候 |

→ ＿＿＿＿＿＿＿＿＿＿＿＿＿＿＿＿＿＿＿＿

(3) 时候 | 什么 | 你们 | 做 | 一般 | 都 | 的 | 休闲 |

→ ＿＿＿＿＿＿＿＿＿＿＿＿＿＿＿＿＿＿＿＿

(4) 财富 | 休闲 | 带来 | 给你 | 并 | 新的 | 不 |

→ ＿＿＿＿＿＿＿＿＿＿＿＿＿＿＿＿＿＿＿＿

(5) 工作 | 人们 | 争论 | 常常 | 发生 | 为 | 的 | 休闲和 | 关系 |

→ ＿＿＿＿＿＿＿＿＿＿＿＿＿＿＿＿＿＿＿＿

3. 아래에 주어진 단어나 구를 사용하여 문장을 만드세요.

(1) 差不多＿＿＿＿＿＿＿＿＿＿＿＿＿＿＿＿＿＿＿＿

(2) 早就＿＿＿＿＿＿＿＿＿＿＿＿＿＿＿＿＿＿＿＿

(3) 仅仅＿＿＿＿＿＿＿＿＿＿＿＿＿＿＿＿＿＿＿＿

(4) 理解＿＿＿＿＿＿＿＿＿＿＿＿＿＿＿＿＿＿＿＿

m.e.m.o.

节假日

휴일

중국은 물론 동북아 각 나라들에는 전통명절이 아주 많다. 구정(춘절), 추석, 단오절 등이 대표적인 전통명절이라 할 수 있다. 이런 대표적인 전통명절 때에는 긴 연휴가 지속되는데 중국에서는 이를 "황금주"라고 부른다. 삶의 질을 추구하는 현대인들에게 이러한 "황금주"는 아주 인기가 많다.

节假日: 휴일

Dialogue 1 _ 전통 명절

A: 中国有什么传统节日?

B: 中国的节日分两种, 一种是现代节日, 一种是传统节日。

A: 什么是现代节日呢?

B: 现代节日就是新中国建立以后政府规定的节日, 比如说儿童节、妇女节、劳动节、国庆节等, 数量不多。

A: 那么传统节日呢?

B: 传统节日非常多, 几乎每个月都有节日, 而且每个民族、每个地方的节日都很丰富。有些传统节日被保留下来, 成为全国的节日, 比如春节、清明节、端午节、中秋节等。其他民间节日, 由各地方、各个民族按照自己的习惯过节。

A: 在传统的节日中最重要的节日是哪个呢?

B: 是阴历正月初一的春节, 人们把过春节叫过年。春节放假时间最长, 也最热闹。韩国的传统节日也和我们一样吗?

A: 查不多, 在韩国也是正月初一是最大的传统节日, 不过中秋节也是最重要的节日之一。

A: Zhōngguó yǒu shén me chuántǒng jiérì?

B: Zhōngguó de jiérì fēn liǎng zhǒng, yì zhǒng shì xiàndài jiérì, yì zhǒng shì chuántǒng jiérì.

A: Shénme shì xiàndài jiérì ne?

B: Xiàndài jiérì jiùshì xīn zhōngguó jiànlì yǐhòu zhèngfǔ guīdìng de jiérì, bǐrú shuō értóng jié, fùnǚ jié, láodòng jié, guóqìng jié děng, shùliàng bù duō.

A: Nàme chuántǒng jiérì ne?

B: Chuántǒng jiérì fēicháng duō, jīhū měi gè yuè dōu yǒu jiérì, ér měi gè dìfāng de jiérì dōu hěn fēngfù. Yǒuxiē chuántǒng jiérì bèi bǎoliú xiàlái, chéngwéi quánguó de jiérì, bǐrú chūnjié, qīngmíng jié, duānwǔ jié, zhōngqiū jié děng. Qítā mínjiān jiérì, yóu gè dìfāng, gège mínzú ànzhào zìjǐ de xíguàn guòjié.

A: Zài chuántǒng de jiérì zhōng zuì zhòngyào de jiérì shì nǎge ne?

B: Shì yīnlì zhēngyuè chū yī de chūnjié, rénmen bǎguò chūnjié jiào guònián. Chūnjié fàngjià shíjiān zuì zhǎng, yě zuì rènào. Hánguó de chuántǒng jiérì yě hé wǒmen yíyàng ma?

A: Chá bù duō, zài hánguó yěshì zhēngyuè chū yī shì zuìdà de chuántǒng jiérì, bùguò zhōngqiū jié yěshì zuì zhòngyào de jiérì zhī yī.

Dialogue 2 _ 긴 연휴

A: 嘿，你知道什么叫黄金周吗?

B: 黄金周不就是放长假吗?

A: 黄金周的说法，最早出现在日本。日本把4月底5月初的几个节日连起来，一起放假，形成了一个长假期，人们称之为"黄金周"。

B: 那么中国也有黄金周吗?

A: 1999年，亚洲金融危机爆发两年后，为了拉动经济、鼓励消费，中国政府决定学习日本的办法，规定5月1日的劳动节、10月1日的国庆节以及春节各放假3天，再加上两个双休日，每次都可以连续放假 7 天。这样，一年也就有了3个黄金周。

B: 这么多呀！人们都喜欢这个黄金周吧?

A: 是的，很受普通劳动者的欢迎。被认为是政府最好的政策之一。人们闲假时间增多了，可以自由支配的时间增多了，生活内容当然就更加丰富了。

B: 是否也会出现社会上的不便吧?

A: 是的，虽然黄金周带来"假日经济"或"休闲经济"，但是由于导致交通的问题，最后劳动节的黄金周被取消了。

A: Hēi, nǐ zhīdào shénme jiào huángjīn zhōu ma?

B: Huángjīn zhōu bù jiùshì fàng chángjià ma?

A: Huángjīn zhōu de shuōfǎ, zuìzǎo chūxiàn zài rìběn. Rìběn bǎ 4 yuèdǐ 5 yuèchū de jǐ gè jiérì lián qǐlái, yìqǐ fàngjià, xíngchéngle yīgè cháng jiàqī, rénmen chēng zhī wèi "huángjīn zhōu".

B: Nàme zhōngguó yěyǒu huángjīn zhōu ma?

A: 1999 Nián, yàzhōu jīnróng wéijī bàofā liǎng nián hòu, wèile lādòng jīngjì, gǔlì xiāofèi, zhōngguó zhèngfǔ juédìng xuéxí rìběn de bànfǎ, guīdìng 5 yuè 1 rì de láodòng jié,10 yuè 1 rì de guóqìng jié yǐjí chūnjié gè fàngjià 3 tiān, zài jiā shàng liǎng gè shuāngxiūrì, měi cì dōu kěyǐ liánxù fàngjià 7 tiān. Zhèyàng, yī nián yě jiù yǒule 3 gè huángjīn zhōu.

B: Zhème duō ya! rénmen dōu xǐhuān zhège huángjīn zhōu ba?

A: Shì de, hěn shòu pǔtōng láodòng zhě de huānyíng. Bèi rènwéi shì zhèngfǔ zuì hǎo de zhèngcè zhī yī. Rénmen xián jiǎ shíjiān zēngduōle, kěyǐ zìyóu zhīpèi de shíjiān zēngduōle, shēnghuó nèiróng dāngrán jiù gèng fēngfùle.

B: Shìfǒu yě huì chūxiàn shèhuì shàng de bùbiàn ba?

A: Shì de, suīrán huángjīn zhōu dài lái "jiàrì jīngjì" huò "xiūxián jīngji", dànshì yóuyú dǎozhì jiāotōng de wèntí, zuìhòu láodòng jié de huángjīn zhōu bèi qǔxiāole.

生词 New Words

传统节日 chuántǒngjiérì 전통명절
国庆节 guóqìngjié 국경절
民族 mínzú 민족
丰富 fēngfù 많다, 풍부하다, 풍부하게 하다
被 bèi …당하다, …에게 …당하다, 입다
保留 bǎoliú 보존하다, 보류하다, 찬성하지 않다
习惯 xíguàn 습관, 버릇, 습성
阴历 yīnlì 음력
正月初一 zhēngyuèchūyī 정월초하루
过年 guònián 내년, 설을 쇠다, 새해를 맞다
热闹 rènào 번화하다, 벅적벅적하다, 왁자지껄하다
端午节 duānwǔjié 단오절
民间 mínjiān 민간
黄金周 huángjīnzhōu 황금주, 긴 연휴
金融危机 jīnróngwéijī 금융위기
爆发 bàofā 폭발하다, 발발하다, 돌발하다
拉动 lādòng 적극적으로 이끌다, 성장시키다, 발전시키다
鼓励 gǔlì 격려하다, 북돋우다, 장려하다
双休日 shuāngxiūrì 이틀 연휴, 쉬는 이틀, 쉬는 주말
连续 liánxù 연속하다, 계속하다
自由支配 zìyóuzhīpèi 자유 분배하다, 자유로운 지배, 자유 배치하다, 자유배분
更加 gèngjiā 더, 한층, 더욱 더
不便 búbiàn 불편하다, 편리하지 않다, 형편이 좋지 않다
虽然 suīrán 비록 …일지라도, 설령 …일지라도
导致 dǎozhì 야기하다, 초래하다
取消 qǔxiāo 취소하다, 제거하다, 없애다

阅读一 왠씨아오 절(元宵节)

元宵节的节日时间是正月十五晚上，一个月圆之夜。元宵节是中国古代最重要的节日，也是中国现存历史最悠久的节日之一。

元宵节最重要的庆祝活动是放灯。从城市到农村，一到晚上，到处都是五彩缤纷的灯笼。不管是贵族还是平民，大家都出来观月赏灯。最高兴的是姑娘们，平常家长不允许她们逛街，但到了元宵节，她们可以比较自由地到处赏灯。到了人多地地方，她们就故意避开家人，去和自己的心上人约会。那时候，元宵节大概是中国古代最浪漫的节日。后来，元宵节增加了舞狮子、扭秧歌等内容，节日变得更加热闹，但少了一点浪漫的气氛。

词 语

元宵 Yuánxiāo 정월 대보름날 먹는, 소가 들어 있는 새알심 모양의 식품
月圆之夜 yuèyuánzhīyè 보름날 저녁
现存 xiàncún 현존하다, 현재 잔고, 현재 있다
悠久 yōujiǔ 유구하다, 장구하다, 유원하다
放灯 fàngdēng 음력 정월 보름날에 등불을 장식하는 일
五彩缤纷 wǔcǎibīnfēn 울긋불긋하다, 오색찬란하다
灯笼 dēnglóng 등롱, 초롱, 제등
赏灯 shǎngdēng 등롱감상
避开 bìkāi 비키다, 피하다, 물러서다
约会 yuēhuì 만날 약속을 하다, 만날 약속, 야속하다
浪漫 làngmàn 로맨틱하다, 낭만적이다, 방탕하다
舞狮子 wǔshīzi 사자춤
扭秧歌 niǔyānggē 모내기 춤을 추다, 앙가춤을 추다, 휘청휘청 걷다
观月 guānyuè 달구경하다
正月十五 zhēngyuèshíwǔ 정월 대보름
一到 yídào …이 왔다 하면, …이 되면, …이 오면
贵族 guìzú 귀족
平民 píngmín 평민, 일반인, 일반 대중

阅读二 음력설 쇠다 (过春节)

中国有许多传统节日，其中我最喜欢的是春节。每到春节，人们喜欢贴春联，敲锣打鼓，张灯结彩，辞旧迎新的活动热闹非凡。这时是小孩子们最高兴的时候，每个人脸上都洋溢着节日的喜悦。年三十的清晨，我和妈妈兴高采烈地去街上买东西准备做年夜饭。街道上处处张灯结彩，十分热闹，家家户户贴着"倒福"、挂着灯笼。人们穿着节日的盛装，纷纷面带微笑地走向大小商场，有的购物，有的游玩。

这样热烈祥和、繁华喜庆的节日气氛，真是令人心潮澎湃啊！晚上，全家人团团圆圆地相聚在一起吃年夜饭，男女老少欢聚一堂，在一片欢声笑语中共享新春之乐。当晚，烟花怒放，五光十色，美丽极了！等到半夜零时，爆竹齐鸣，欢庆新年的到来，那是多么激动人心呀！我想此时此刻，全国各地一定都在欢庆新年的到来吧。

词语

传统节日 Chuántǒngjiérì 전통명절
春节 chūnjié 음력설, 춘계, 입춘부터 입하까지의 기간
贴 tiē 붙이다, 바짝 붙다, 아주 가깝게 달라붙다
春联 chūnlián 춘련, 신년에 문이나 기둥·미간 등에 써 붙이는 주련 또는 대련
敲锣打鼓 qiāoluódǎgǔ 징을 치고 북을 울리다, 야단법석을 떨다
张灯结彩 zhāngdēngjiécǎi 초롱을 달고 오색천으로 장식하다
辞旧迎新 cíjiùyíngxīn 낡은 것을 버리고 새것을 맞이하다
热闹 rènào 번화하다, 번적번적하다, 왁자지껄하다
非凡 fēifán 뛰어나다, 비범하다, 보통이 아니다
洋溢 yángyì 충만하다, 양일하다, 가득 넘쳐흐르다
喜悦 xǐyuè 희열, 기쁨, 기쁘다
兴高采烈 xìnggāocǎiliè 매우 흥겹다, 매우 기쁘다, 신바람 나다
年夜饭 niányèfàn 섣달그믐날 저녁에 온 식구가 모여서 함께 먹는 음식
盛装 shèngzhuāng 성장, 화려한 옷차림,
祥和 xiánghé 상서롭고 화목하다, 자상하다, 인자하다
澎湃 péngpài 거세게 일어나 넘치는 모양, 끓어 넘치다
怒放 nùfàng 활짝 피다, 만발하다, 만개하다

pattern & drill

句型与训练

一. 문형연습

句型 1 不过 최고로, 더없이. [형용사성 문구나 단음절 형용사 뒤에 쓰여 최고 수준을 나타낸다.]

• 那就再好不过了。
* 그러면 더없이 좋겠다.

~에 지나지 않다, ~에 불과하다.

• 当年他参加工作的时候不过十七岁。
* 그해 그가 일을 시작했을 때 17살에 지나지 않았다.

다만, 그러나. ['但是'보다 어기가 약하고, '只是'와 동일하다.]

• 病人精神还不错, 不过胃口不太好。
* 환자가 원기는 괜찮은 뜻 하나 입맛이 별로 없다.

练习

如果这些产品免税, 那再好	不过	了。
产品质量还不错,		数量不太多。
当公司成立的时候, 职工		100人。

句型 2 导致 동 (문어) 야기하다, (어떤 사태를) 초래하다[가져오다].

• 因过于兴奋, 导致心脏病猝发。
* 과도한 흥분으로 인해 갑작스러운 심장병 발작이 야기되다.

练习

超负荷的工作	导致	越来越多的年轻人生了病。
政策上的错误		不正当竞争。
日趋增加的汽车消费会		市场细分化。

句型 3 **被** 개 ~당하다, ~에게 ~당하다, ~으로 ~되다. [동사 앞에 쓰여서 피동을 나타낸다.]

• 那棵树被大风刮倒了。
* 그 나무는 강풍에 넘어졌다.

练习

迟到而	被	上司挨训了。
这本书有几页已		破损。
所有的进程都		强制终止。

句型 4 **保留** 동 보존하다, 유지하다. [보존·보관의 경우에는 '保留'를 쓰지 않고 '保存'을 쓴다.]

• 这个地方还保留着原来的面貌。
* 이곳은 아직도 원래의 모습을 보존하고 있다.

반대하다, 이의 있다.

• 他对这个决议持保留态度。
* 그는 이 결의에 대해 반대의 태도를 보였다.

보유하다, 유보하다.

• 不同的意见暂时保留，下次再讨论。
* 다른 의견은 잠시 보류하였다가 나중에 다시 토론합시다.

练习

苏州还	保留	着原来的风景。
韩国人对这次签合同持		态度。
入场券给你		到明天中午。

二. 아래의 대화를 중국어로 완성하세요.

(1) A: 在韩国最重要的传统节日是?

B: ____________________

(한국에서 가장 중요한 전통명절은 구정과 청명인데 3일씩 쉽니다.)

(2) A: 黄金周是怎么出现的?

B: ______________________________

(일본서부터 4월 말과 5월 초의 명절들을 합쳐 황금주를 만들었습니다.)

(3) A: 现在中国的黄金周是?

B: ______________________________

(음력 정월 초하루 설과 10월 1일 국경절 등입니다.)

(4) A: 人们都喜欢黄金周吗?

B: ______________________________

(아주 좋아합니다. 가장 좋은 정부정책의 하나로 인식되고 있습니다.)

三. 본문의 내용에 따라 아래의 질문에 중국어로 대답하세요.

(1) 在中国现代节日，指的是哪个?

(2) 中国的传统节日主要有哪些?

(3) 在过去中国的黄金周都有哪些?

(4) 你认为黄金周的最大问题是什么?

Exercise

练习

1. 상자 안에 주어진 단어 혹은 구를 사용하여 다음 문장을 완성하세요.

成为 | 连起来 | 就是 | 更加 | 几乎

(1) 现代节日__________新中国建立以后政府规定的节日。

(2) 传统节日非常多, __________每个月都有节日。

(3) 有些传统节日被保留下来, __________全国的节日。

(4) 日本把4月底5月初的几个节日__________一起放假。

(5) 人们闲假时间增多了, 生活内容__________丰富了。

2. 주어진 단어들을 문법에 맞게 재배열하여 올바른 문장을 만드세요.

(1) 重要的 | 在 | 哪个 | 传统 | 是 | 节日 | 最 | 中 |

→ ______________________________

(2) 我们 | 韩国 | 节日 | 一样 | 的 | 也 | 传统 | 和 |

→ ______________________________

(3) 也是 | 不过 | 之一 | 最 | 中秋节 | 的 | 节日 | 重要 |

→ ______________________________

(4) 劳动者 | 欢迎 | 黄金周 | 的 | 普通 | 很受 |

→ ______________________________

(5) 社会上 | 是否 | 的 | 出现 | 不便 | 也会 |

→ ______________________________

3. 아래에 주어진 단어나 구를 사용하여 문장을 만드세요.

(1) 更加______________________________

(2) 被______________________________

(3) 鼓励______________________________

(4) 不便______________________________

商务礼仪

비즈니스 예의

중국인들의 연회석상에서 자리 안배는 아주 중요하다. 보통 주인과 가장 중요한 손님께서 상석에 자리 하게 되는 것이 전통예의라고 할 수 있는데 같은 유교문화권에 있는 한국역시 이와 대동소이하다. 현재 중국에는 전통예의 예절이 점점 사라지고 서양화가 가속화되고 있다. 이는 글로벌시대의 다문화 특징이라고도 할 수 있겠다.

商务礼仪:비즈니스 예의

Dialogue 1 _ 전통예절

A: 我看，中国人对宴会上怎么坐很讲究。

B: 不仅是宴会，只要是正式的会议都很讲究。

A: 我就不知道怎么坐，应该坐在哪里?

B: 这你就不用担心，正式的宴会在座位上都写着名字，你按照名字坐就行。

A: 如果不写呢?是不是可以随便坐?

B: 不可以。第一主人，也叫主陪，坐在正对门的位置。越重要的客人离主人越近。最重要的客人，也叫主客，坐在主人的左边，第二重要的坐在右边。主人对面的人是负责宴会的人，一般是买单的人。主人和客人最好隔开坐，便于交流。

A: 我明白了。那么什么时候就座呢?

B: 最好等主陪和主客坐好以后再就座。一般由主陪叫其他参宴人员就座。

A: 我想这些礼节与韩国大同小异。

B: 也许是受儒教文化的缘故吧！

A: Wǒ kàn, zhōngguó rén duì yànhuì shàng zěnme zuò hěn jiǎngjiù.

B: Bùjǐn shì yànhuì, zhǐyào shi zhèngshì de huìyì dōu hěn jiǎngjiù.

A: Wǒ jiù bù zhīdào zěnme zuò, yīnggāi zuò zài nǎlǐ?

B: Zhè nǐ jiù bùyòng dānxīn, zhèngshì de yànhuì zài zuòwèi shàng dōu xiězhe míngzì, nǐ ànzhào míngzì zuò jiùxíng.

A: Rúguǒ bù xiě ne shì bùshì kěyǐ suíbiàn zuò?

B: Bù kěyǐ. Dì yī zhǔrén, yě jiào zhǔ péi, zuò zài zhèng duìmén de wèizhì. yuè zhòng yào de kèrén lí zhǔrén yuè jìn. zuì zhòngyào de kèrén, yě jiào zhǔkè, zuò zài zhǔrén de zuǒbiān, dì èr zhòng yào de zuòzàiyòu biān. zhǔrén duìmiàn de rén shì fùzé yànhuì de rén, yībān shì mǎidān de rén. Zhǔrén hé kèrén zuì hǎo gé kāi zuò, biànyú jiāoliú.

A: Wǒ míngbáile nàme shénme shíhòu jiù zuò ne?

B: Zuì hǎo děng zhǔ péi hé zhǔkè zuò hǎo yǐhòu zài jiù zuò yìbān yóu zhǔ péi jiào qítā cān yàn rényuán jiù zuò.

A: Wǒ xiǎng zhèxiē lǐjié yǔ hánguó dàtóngxiǎoyì.

B: Yěxǔ shì shòu rújiào wénhuà de yuángù ba!

Dialogue 2 _ 예의의 서양화

A: 我在中国发现，越是正式场合，欧式的礼仪就越多，这是为什么？

B: 是呀，最遗憾的是，经过20世纪60年代的"文化大革命"，原有的礼仪基本上都消失了。

A: 在宴会上，在商务谈判中，随处可见的都是欧洲的礼仪，连基本的问候语"早上　好"、"晚上好"都是外语的直接翻译。所以，外国人在中国不用担心不懂礼仪。

B: 更担心的是在中国的学校里，所开设的礼仪课程都是讲西方的礼仪，甚至包括怎么用叉子，怎么咀嚼食物，讲的内容非常详细。有些老师也想讲中国礼仪，但是一个是不知道讲什么，另一个是没人听。孩子们从小就不清楚什么是中国礼仪。

A: 这样看来，中国的传统礼仪是否都西化了？

B: 也可以这样讲。2003年，中国爆发了"非典型肺炎"，很多人突然发现：中国的抱手礼比西方的握手礼更安全。不过随着"非典型肺炎"的消失，人们又恢复了握手礼。

A: Wǒ zài zhōngguó fāxiàn, yuè shì zhèngshì chǎnghé, ōushì de lǐyí jiù yuè duō, zhè shì wèishénme?

B: Shì ya, zuì yíhàn de shì, jīngguò 20 shìjì 60 niándài de "wénhuà dàgémìng", yuán yǒu de lǐyí jīběn shàng dōu xiāoshīle.

A: Zài yànhuì shàng, zài shāngwù tánpàn zhōng, suíchù kějiàn de dōu shì ōuzhōu de lǐyí, lián jīběn de wènhòu yǔ "zǎoshang hǎo", "wǎnshàng hǎo" dōu shì wàiyǔ de zhíjiē fānyì, suǒyǐ wàiguó rén zài zhōngguó búyòng dānxīn bù dǒng lǐyí.

B: Gèng dānxīn de shì zài zhōngguó de xuéxiào lǐ, suǒ kāishè de lǐyí kèchéng dōu shì jiǎng xīfāng de lǐyí, shènzhì bāokuò zěnme yòng chāzi, zěnme jǔjué shíwù, jiǎng de nèiróng fēicháng xiángxì. Yǒuxiē lǎoshī yě xiǎng jiǎng zhōngguó lǐyí, dànshì yígè shì bù zhīdào jiǎng shénme, lìng yígè shì méi rén tīng. Háizimen cóngxiǎo jiù bù qīngchǔ shénme shì zhōngguó lǐyí.

A: Zhèyàng kàn lái, zhōngguó de chuántǒng lǐyí shìfǒu dōu xīhuàle?

B: Yě kěyǐ zhèyàng jiǎng.2003 Nián, zhōngguó bàofāle "fēidiǎn xíng fèiyán", hěnduō rén túrán fāxiàn: Zhōngguó de bào shǒu lǐ bǐ xīfāng de wòshǒu lǐ gèng ānquán búguò suízhe "fēidiǎn xíng fèiyán" de xiāoshī, rénmen yòu huīfùle wòshǒu lǐ

生词 New Words

讲究 jiángjiū 강구하다, 주의하다, 따져볼 만한 것
只要 zhǐyào …하기만 하면, 만약 …라면, 오직 …한다면
主陪 zhǔpéi 주인, 직위가 가장 높은 배석자[수행자]
对门 duìmén 정문 맞은편, 맞은편 집, 대문이 서로 마주하다
位置 wèizhì 위치, 지위, 자리를 찾아주다
主客 zhǔkè 주빈, 중요한 손님, 주인과 손님
左边 zuǒbiān 좌, 좌측, 왼쪽
右边 yòubiān 우, 우측, 오른쪽
买单 mǎidān 계산서, 주문서, 계산하다
隔开 gékāi 가로 막다, 나누다, 분리하다
便于 biànyú 편하다, 편리하다, 쉽다
就座 jiùzuò 자리에 앉다
也许 yěxǔ 혹시, 아마, 어쩌면
儒教文化 rújiàowénhuà 유교문화
缘故 yuángù 연고, 원인, 이유
正式场合 zhèngshìchǎnghé 공식석상, 공식적인 장소
欧式 ōushì 양식, 유럽식
遗憾 yíhàn 유감, 유한, 유감스럽다
消失 xiāoshī 사라지다, 없어지다, 소실하다
随处可见 suíchùkějiàn 곳곳에서 볼 수 있다, 아무 곳에서나 볼 수 있다
连 lián …조차도, …마저도, …까지도
问候语 wènhòuyǔ 안부를 묻는 말, 문안드리는 말, 인사말
直接 zhíjiē 직접, 직접적, 직접의
叉子 chāzi 양식용 포크, 농업용 갈고랑이
咀嚼 jǔjué 씹다, 음미하다, 자꾸 생각하다
西化 xīhuà 서양화하다
非典型肺炎 fēidiǎnxíng fèiyán 싸스(중증급성호흡기증후군)
抱手礼bàoshǒulǐ 두 손을 모아잡고 하는 인사
握手礼 wòshǒulǐ 악수

阅读一 생활 예의(生活礼仪)

生活中的礼仪既保留了传统的礼仪，也有新的发展。这些礼仪没有统一的规范，但有一定的原则。这些原则主要是热情、真诚、互敬和谦让。

热情就是让人感到温暖。不管你喜欢不喜欢对方，都不能冷淡对方。即使两个人刚刚发生过争吵，只要人家来交流，就要认真对待。

真诚就是让对方相信自己是真心的。重要的客人，最好到门外，甚至更远的地方迎接。客人走的时候，要送出门，客人离开后再关门。

互敬就是礼尚往来。如果对方跟你打招呼，你一定要回答，否则，他就认为你没有礼貌。如果对方帮助过自己，或者来家里访问过，要找个机会回访一下。

谦让就是客气一点，谦虚一点。对方说你好，你应该说对方更好，或者说自己没那么好。对方送给自己礼物，即使应该收下，也要先谢绝，表示不愿意让对方花钱。

词语

礼仪 lǐyí 예의 예절과 의식
规范 guīfàn 규범, 규범에 맞다, 본보기
热情 rèqíng 열정, 열정적이다. 의욕, 정열
真诚 zhēnchéng 진실되다, 성실하다, 참되다
互敬 hùjìng 서로 존경하다, 서로 공손히 드리다
谦让 qiānràng 겸양하다, 겸손하게 사양하다
让 ràng 양보하다, …에게, 비키다, …을[를] 권하다, 깎아주다, …하게 하다
冷淡 lěngdàn 한산하다, 냉담하다, 냉대하다
争吵 zhēngchǎo 말다툼하다, 언쟁하다, 옥신각신하다
甚至 shènzhì …까지도, 심지어, …조차도
礼尚往来 lǐshàngwǎnglái 예의상 오고 가는 것을 중요시해야 한다
打招呼 dǎzhāohu인사하다, 알리다, 주의를 주다
回访 huífǎng 답방하다, 답례 방문하다, 방문하여 사정을 알아보고 의견을 청취하다
谦虚 qiānxū 겸손의 말을 하다, 겸허하다, 겸손하다
谢绝 xièjué 사절하다, 정중히 거절하다, 사양하다
即使 jíshǐ 설령 …하더라도
花钱 huāqián 도을 쓰다, 돈을 소비하다

阅读二 동방예의지국 (东方礼仪之国)

从前，中国人称韩国为“东方礼仪之国”。之所以这样说，是因为韩国人有彼此谦让，不好争斗的良好风俗，而且非常注重礼节。直至今日，这句话仍对韩国人产生着很大影响。

与其他国家的语言不一样，韩国语中的敬语法尤其发达。有关这一现象的说明有几种，但我们似乎也可以认为是崇尚礼仪的韩国人在自身的生活中自然地发展了敬语法。

重视礼仪的韩国人非常重视脸面。所谓脸面是指一种做人光明磊落的状态。如果儿子做了错事而遭到周围人的指责，其父亲就会说“太没面子了。”，也有“作为教授怎么可以这样?”，“作为一社之长可不能去那种地方”等情况。

在人人平等，公平竞争的今天，还原封不动地恪守过去的礼节的确有些不合时宜。但是，东方礼仪之国的关心别人，根据自己的实际情况而尽为人之道的精神，即使时代变迁也仍会珍藏在韩国人的心中。

词语

从前 Cóngqián 이전, 종전, 예전
之所以 zhīsuǒyǐ …의 이유, …한 까닭
彼此 bǐcǐ 피차, 피차일반입니다, 상호
不好争斗 búhàozhēngdòu 싸우기[다투기]를 좋아 하지 않다
直至 zhízhì 쭉 …에 이르다, …의 정도에 이르다
敬语 jìngyǔ 경어, 공경하는 말, 존대 말
似乎 sìhū 마치(…인 것 같다[듯하다])
崇尚 chóngshàng 숭상하다, 존중하다, 숭배하다
所谓 suǒwèi …라는 것은, …란, 소위
光明磊落 guāngmínglěiluò 정정당당하다, 공명정대하다, 떳떳하다
遭到 zāodào 만나다, 당하다, 입다
原封不动 yuánfēngbúdòng 원래 모양대로 그대로 하다[두다]
恪守 kèshǒu 준수하다, 엄수하다, 충실히 지키다
不合时宜 bùhéshíyí 시기에 적합하지 않다, 유행에 맞지 않다
仍会 rénghuì 그대로 …할 것이다, 여전히 …일 것이다
珍藏 zhēncáng 진장하다, 소중히 보존하다, 소장하고 있는 진귀한 물건

pattern & drill

句型与训练

一. 문형연습

句型 1 **越…… 越……** ~하면 할수록 ~하다,

• 脑子越用越灵。
* 머리는 쓰면 쓸수록 좋아진다.

练习

经济	越	办	越	兴旺。
金钱的力量		来		强大。
国民的生活		来		宽绰了。

句型 2 不仅 접 ~일 뿐만 아니라

• 北京不仅是政治中心，也是文化中心。
* 베이징은 정치의 중심일 뿐만 아니라, 문화의 중심이기도 하다.

~만은 아니다.

• 这不仅是我个人的主张。
* 이것은 나 한 사람의 주장만은 아니다.

练习

今年	不仅	粮食丰收，水果也是大年。
经济犯罪		发案多，案值也大。
这		是我个人的想法。

句型 3 讲究 동 중시하다, 따지다, 신경을 쓰다.

• 她这个人很讲究吃，而不注意穿戴。
* 이 여자는 먹는 데만 신경을 쓰고 입는 것은 별로 따지지 않는다.

형 정교하다, 꼼꼼하다.

• 房间布置得很讲究。
* 방 안을 매우 꼼꼼하게 꾸몄다.

练习

发展经济要	讲究	实效。
饭店的装饰特别		了文化背景。
张经理平时特别		商务礼节。

句型 4 只要 **접** ~하기만 하면, 오직 ~한다면, 만약 ~라면 [주로 뒤에 '就' 또는 '便'을 수반한다.]

• 只要虚心，就会进步。
* 겸허하면 진보할 것이다.

练习

只要	功夫深，铁杵磨成针。
	努力，一定成功。
	大家动起来，什么事都能办。

二. 아래의 대화를 중국어로 완성하세요.

(1) A: 中国人在宴会上对安排座位是否很讲究?
B: ______________________________
(그렇습니다. 때문에 연회에 참석할 때 나름대로 앉으면 안 됩니다.)

(2) A: 在韩国的宴会上也是主人和主客坐在上座吗?
B: ______________________________
(연회뿐만 아니라 공식적인 석상에서는 모두 그렇게 안배합니다.)

(3) A: 在中国欧式的礼仪越来越多了，对吗?
B: ______________________________
(맞습니다. 그러기에 외국인들이 중국에서 예의에 신경 안 씁니다.)

(4) A: 在中国的学校里不讲传统礼仪吗?
B: ______________________________
(중국의 전통예의 보다 서양의 예의예절을 더 많이 가르칩니다.)

三. **본문의 내용에 따라 아래의 질문에 중국어로 대답하세요.**

(1) 第二重要的客人的座位应安排在哪里?

(2) 在宴会上要不要担心怎么坐?

(3) 在中国为什么欧式礼仪越来越多?

(4) 在中国的学校里为什么一般不交传统礼仪?

练习

1. 상자 안에 주어진 단어 혹은 구를 사용하여 다음 문장을 완성하세요.

就行 | 越是 | 都是 | 应该 | 怎么

(1) 中国人对宴会上＿＿＿＿＿坐很讲究。

(2) 我就不知道怎么坐，＿＿＿＿＿坐在哪里？

(3) 正式的宴会在座位上都写着名字，照名字坐＿＿＿＿＿。

(4) 我在中国发现，＿＿＿＿＿正式场合，欧式礼仪就越多。

(5) 在学校里所开设的礼仪课程＿＿＿＿＿西方的。

2. 주어진 단어들을 문법에 맞게 재배열하여 올바른 문장을 만드세요.

(1) 主客 | 就座 | 主陪 | 和 | 最好 | 等 | 坐好 | 再 | 以后 |

→ ＿＿＿＿＿＿＿＿＿＿＿＿＿＿＿＿＿＿＿＿

(2) 儒教 | 缘故吧 | 也许 | 的 | 是 | 文化 | 受 |

→ ＿＿＿＿＿＿＿＿＿＿＿＿＿＿＿＿＿＿＿＿

(3) 对面的 | 负责 | 主人 | 的人 | 宴会 | 是 | 人 |

→ ＿＿＿＿＿＿＿＿＿＿＿＿＿＿＿＿＿＿＿＿

(4) 中国 | 外国人 | 礼仪 | 在 | 不懂 | 担心 | 不用 |

→ ＿＿＿＿＿＿＿＿＿＿＿＿＿＿＿＿＿＿＿＿

(5) 礼仪 | 中国 | 西化了 | 的 | 已经 | 传统 | 都 |

→ ＿＿＿＿＿＿＿＿＿＿＿＿＿＿＿＿＿＿＿＿

3. 아래에 주어진 단어나 구를 사용하여 문장을 만드세요.

(1) 讲究＿＿＿＿＿＿＿＿＿＿＿＿＿＿＿＿＿＿＿＿

(2) 只要＿＿＿＿＿＿＿＿＿＿＿＿＿＿＿＿＿＿＿＿

(3) 便于＿＿＿＿＿＿＿＿＿＿＿＿＿＿＿＿＿＿＿＿

(4) 也许＿＿＿＿＿＿＿＿＿＿＿＿＿＿＿＿＿＿＿＿

生活礼仪

생활 예의

현재 중국에는 결혼식에 참석하려면 정장차림에 현금을 선물하는 오래된 전통이 그대로 남아있다. 그 외에도 오래된 전통예의 예절이 아주 많이 있으나 역사적으로 집권민족이 바뀌면서 그 문화가 많이 달라졌고 게다가 장기간의 전쟁 때문에 수많은 전통문화가 상실되었다. 특히 현시대 젊은이 들은 전통 문화보다 서양문화를 일종의 시대적 풍모로 삼고 있는 것이 현실화가 되고 있다.

生活礼仪: 생활 예의

Dialogue 1 _ 예식장에서

A: 我的朋友明天结婚，她希望我参加她的婚礼，我应该做点儿什么准备?

B: 是很好的朋友，还是一般的朋友?

A: 是很好的朋友，是相处多年的公司同事。

B: 首先你得准备一个红包，红包里放点钱。

A: 这个没问题，我也想表示一下心意。

B: 你最好穿正装，就是西装，打好领带。

A: 中国的婚礼时间长吗?我下午还有别的事。

B: 时间很长，要一直到晚上。不过你有事可以先走。正式的婚礼一般都在上午，吃完午饭后大部分人都会离开。只有少数亲戚、朋友晚上留下来闹洞房。

A: 闹洞房?什么意思?

B: 洞房，就是刚结婚的人住的房子。闹洞房就是朋友们让新郎、新娘表演节目。没有固定的方式，随便闹。

A: Wǒ de péngyǒu míngtiān jiéhūn, tā xīwàng wǒ cānjiā tā de hūnlǐ, wǒ yīnggāi zuò diǎnr shénme zhǔnbèi?

B: Shì hěn hǎo de péngyǒu, háishì yībān de péngyǒu?

A: Shì hěn hǎo de péngyǒu, shì xiāngchǔ duōnián de gōngsī tóngshì.

B: Shǒuxiān nǐ děi zhǔnbèi yígè hóngbāo, hóngbāo lǐ fàng diǎn qián.

A: Zhège méi wèntí, wǒ yě xiǎng biǎoshì yíxià xīnyì.

B: Nǐ zuì hǎo chuān zhèngzhuāng, jiùshì xīzhuāng, dǎ hǎo lǐngdài.

A: Zhōngguó de hūnlǐ shíjiān chǎng ma wǒ xiàwǔ hái yǒu bié de shì?

B: Shíjiān hěn chǎng, yào yìzhí dào wǎnshàng. Bùguò nǐ yǒushì kěyǐ xiān zǒu. Zhèngshì de hūnlǐ yìbān dōu zài shàngwǔ, chī wán wǔfàn hòu dà bùfèn rén dōuhuì líkāi. Zhǐyǒu shǎoshù qīnqī, péngyǒu wǎnshàng liú xiàlái nàodòngfáng.

A: Nàodòngfáng shénme yìsi?

B: Dòngfáng, jiùshì gāng jiéhūn de rén zhù de fángzi. Nào dòngfáng jiùshì péngyǒumen ràng xīnláng, xīnniáng biǎoyǎn jiémù. Méiyǒu gùdìng de fāngshì, suíbiàn nào.

Dialogue 2 _ 예의의 변화

A: 在我看来，日本人和韩国人好像比中国人更重视礼仪。

B: 很多都这样说。从电视上看，好像这两个国家的人们都很重视礼仪，不过我看有些礼仪和中国古代的礼仪差不多。中国古代的礼仪可能还要多一些。

A: 为什么现在看不到呢?

B: 原因很复杂。首先我们说中国的礼仪，其实主要是说汉族官方的礼仪。这种礼仪到满族掌权的时候，基本上都改成满族礼仪了。民国时期，大家不愿意用满族礼仪，但想恢复汉族礼仪也不可能。其次，中国在很多地方改用西方礼仪。

A: 这是为什么呢?

B: 主要是因为战争，长期的战争。中国被西方国家打败，人们对传统文化失去了信心，把学习西方礼仪当作一种时尚。政治家和学者都用西方礼仪，老百姓当然就跟着学习。

A: 以后有可能恢复吗?

B: 不太可能，也没有必要。不过中国确实应该认真研究一下礼仪问题。

A: Zài wǒ kàn lái, rìběn rén hé hánguó rén hǎoxiàng bǐ zhōngguó rén gèng zhòngshì lǐyí.

B: Hěnduō dōu zhèyàng shuō. Cóng diànshì shàng kàn, hǎoxiàng zhè liǎng gè guójiā de rénmen dōu hěn zhòngshì lǐyí, bùguò wǒ kàn yǒuxiē lǐyí hé zhōngguó gǔdài de lǐyí chàbùduō zhōngguó gǔdài de lǐyí kěnéng hái yào duō yìxiē.

A: Wèishénme xiànzài kàn bù dào ne?

B: Yuányīn hěn fùzá. Shǒuxiān wǒmen shuō zhōngguó de lǐyí, qíshí zhǔyào shi shuō hànzú guānfāng de lǐyí. Zhè zhǒng lǐyí dào mǎnzú zhǎngquán de shíhòu, jīběn shàng dōu gǎi chéng mǎnzú lǐyíle. Mínguó shíqí, dàjiā bú yuànyì yòng mǎn zú lǐyí, dàn xiǎng huīfù hànzú lǐyí yě bù kěnéng. Qícì, zhōngguó zài hěnduō dìfāng gǎi yòng xīfāng lǐyí.

A: Zhè shì wèishéme ne?

B: Zhǔyào shi yīn wéi zhànzhēng, chángqí de zhànzhēng. Zhōngguó bèi xīfāng guójiā dǎbài, rénmen duì chuántǒng wénhuà shīqùle xìnxīn, bǎ xuéxí xīfāng lǐyí dàng zuò yī zhǒng shíshàng. Zhèngzhì jiā hé xuézhě dōu yòng xīfāng lǐyí, lǎobǎixìng dāngrán jiù gēnzhe xuéxí.

A: Yǐhòu yǒu kěnéng huīfù ma?

B: Bú tài kěnéng, yě méiyǒu bìyào bùguò zhōngguó quèshí yīnggāi rènzhēn yánjiū yíxià lǐyí wèntí.

生词 New Words

结婚 jiéhūn 결혼하다
希望 xīwàng 희망, 원망, 희망하다
婚礼 hūnlǐ 혼례, 결혼식
应该 yīnggāi 마땅히 …해야 하다, 응당 …할 것이다, 마땅하다
相处 xiāngchǔ 함께 살다, 함께 지내다
公司同事 gōngsītóngshì 회사동료
红包 hóngbāo 보너스, 상여금, 붉은색 봉투
心意 xīnyì 성의, 의향, 생각
领带 lǐngdài 넥타이
闹洞房 nàodòngfáng 신혼부부의 방에 몰려가 놀리다
新郎 xīnláng 신랑, 새서방
新娘 xīnniáng 신부, 새색시
固定的 gùdìngde 고정된, 일정한, 고정적
重视 zhòngshì 중시, 중요시, 중시하다
官方 guānfāng 정부 측, 정부 당국,
满族 mǎnzú 만족, 만주족
掌权 zhǎngquán 집권하다, 권력을 쥐다, 정권을 잡다
恢复 huīfù 회복되다, 회복하다
看不到 kànbudào 보이지 않다, 볼 수 없다
其次 qícì 다음, 그다음, 부차적인 위치
其实 qíshí 실은, 사실은, 실제는
打败 dǎbài 쳐서 물리치다, 싸워서 이기다, 패전하다
当作 dāngzuò (…로) 삼다[여기다]
研究 yánjiū 연구(하다), 고려, 논의
学者 xuézhě 학자, 공부하는 사람
必要 bìyào 필요, 필요하다
失去 shīqù 잃다, 잃어버리다

阅读一 축의금(礼金)

仔细一想，从古至今，中国都秉承着送礼的习俗，一般宴请宾客，朋友送礼也是必不可少的。现如今一般来参加婚宴的宾客都会用红包，里面放礼金。当然，一般礼金数目是根据客人的经济状况和新郎新娘的远近亲疏关系而定，关系好的肯定想多包点。不过礼金最好是双数的，一般都是整百，象征白头偕老，也有的地方喜欢包含有六、八、九等，也就是"禄"、"发"、"长长久久"的意思。

新娘在接受宾客礼金的时候一定要注意礼节。一般由新娘双手接收，道谢之后交由身旁的伴娘保管，再和来宾来个礼貌的合影作纪念，千万不要出现手拿红包和来宾入镜头的尴尬画面。伴娘用来装红包的手袋也要大方得体才行。当然，有的是另设有收取礼金的地方。总之，新人一定要记得时刻注意礼节、礼貌待人。

词语

仔细 zǐxì 자세하다, 주의하다, 조심하다
习俗 xísú 습속, 습관과 풍속
从古至今 cónggǔzhìjīn 옛날부터 지금까지
秉承 bǐngchéng 계승하다, 받들다, 이어받다
婚宴 hūnyàn 결혼 피로연
宾客 bīnkè 손님, 빈객
红包 hóngbāo 상여금, 보너스
远近 yuǎnjìn (거리의) 원근, 먼 곳과 가까운 곳
亲疏 qīnshū 친소, 친근함과 소원함, 가깝고 소원함
象征 xiàngzhēng 상징, 상징하다
白头偕老 báitóuxiélǎo 백년해로하다, 부부가 화락하게 함께 늙다
道谢 dàoxiè 감사의 말을 하다, 사의를 표하다
交由 jiāoyóu …에 넘기다, …에 건네다, …에 제출하다, …에 바치다, …에게 주다
尴尬 gāngà 난처하다, 곤란하다, 부자연스럽다
伴娘 bànniáng 신부 들러리
大方 dàfāng 인색하지 않다, (언행이) 시원시원하다, 거침없다, 고상하다
得体 détǐ 제격이다, 신분에 걸맞다, (언어나 행동 등이) 틀에 꼭 맞다
礼貌待人 lǐmàodàirén 예의 바르게 사람을 대하다

阅读二 현실의 예의(现实的礼仪)

随着西方文化进入中国，人们觉得西方人较自由、随意，代表着新的生活方式。中国过去讲礼仪，对人有很多约束，让人感到不舒服。所以，很多人愿意接受西方的做法。特别是孩子们，他们觉得直接叫爸爸妈妈的名字很有意思，见了老师不打招呼很酷，端着可口可乐或者嚼着口香糖进教室很开心。

礼仪是约束人的行为的，确实有点麻烦。但礼仪中是有文化内容的，每个礼仪代表了人们对某个行为的态度。习惯了这种约束，能了解自己的权利和责任，知道别人的价值和利益，能更好地处理人与人的关系。事实上，西方国家也不一样，每个国家中的每个人也不一样，人们又有不同的想法和选择。

词语

随着 suízhe …따라서, …뒤이어, …에 따라
随意 suíyì 뜻대로, 뜻대로 하다, 생각대로 하다
约束 yuēshù 단속하다, 제약하다, 얽매다
酷 kù 훌륭하다, 멋지다, 잔혹하다
端 duān 두 손으로 가지런히 들다, 두 손으로 받쳐 들다[들어 나르다]
嚼 jiáo 씹다, (문장 따위를)음미하다, 완미하다, 되새김질(하다)
口香糖 kǒuxiāngtáng 껌, 추잉 검
开心 kāixīn 유쾌하다, 즐겁다, 놀리다, 희롱하다
麻烦 máfan 귀찮다, 성가시다, 귀찮게 하다
某个 mǒugè 어떤[어느](하나의)
权利 quánlì 권리, 권세와 재력
责任 zérèn 책임
想法 xiǎngfǎ 생각, 의견, 방법을 생각하다
选择 xuǎnzé 선택, 선택하다
价值 jiàzhí 가치
利益 lìyì 이익, 이득
处理 chǔlǐ 처리하다, 안배하다, 해결하다
人与人的关系 rényǔréndeguānxi 인간관계

pattern & drill

句型与训练

一. 문형연습

句型 1 **希望** 동 바라다, 희망하다. ['希望'은 일반적인 바람이고 '盼望'은 간절한 바람이란 점에 차이가 있다.]

• 他希望他的孩子将来当教授。
* 그는 자기애가 장래 교수가 되길 바란다.

명 가망성, 장래성

• 看来，这孩子很有希望。
* 이 애는 장래성이 있어 보인다.

명 소망, 바람

• 你想当老师的希望不难实现。
* 교사가 되겠다는 너의 소망은 이루어지기가 어렵지 않다.

명 희망의 대상. [구체적인 요구에는 '希望'을 쓰지 않고 '要求'를 쓰며, 장래에 어떤 목적이 이루어지기를 바라는 경우에는 '希望'을 쓰지 않고 '愿望'을 쓰고, 윗사람이 아랫사람에게 단체 또는 조직이 개인에게 장중하고 간절한 기대를 나타낼 때는 '希望'을 쓰지 않고 '期望'을 쓴다.]

练习

他从小就	希望	做一个医生。
热切		各位提出宝贵意见。
政府		通过发展三产来扩大就业。

句型 2 **应该** 동 마땅히 ~해야 한다, (~하는 것이)마땅하다[응당하다, 당연하다], 응당[당연히] ~할 것이다.

• 为了大伙的事，我多受点累也是应该的。
* 모두의 일을 위해서 내가 좀 더 수고를 해도 마땅하다.

练习

照理	应该	听听他的意见。
这是我们		首先坦率承认的。
这种办法		重新评价。

句型 3 其实 부 (그러나)사실은, 실제는, 실은

• 他现在很神气，其实是兔子尾巴。
* 그는 지금 의기양양하지만 실은 오래가지 못한다.

练习

他说自己一无所长,	其实	这是客气话。
说实话,		我们早就想来上海了。
你以为只有他们有这些设备,		我们也有。

句型 4 重视 명·동 중시(하다), 중요시(하다).

• 这些学生很重视口语学习，因此他们的进步很快。
* 이 학생들은 구어 공부를 매우 중시하여 구어실력이 빨리 향상했다.

练习

我们公司特别	重视	干部的潜绩。
政府一直高度		发展科技和教育事业。
中国人很		自己的住所。

二. 아래의 대화를 중국어로 완성하세요.

(1) A: 参加中国的婚礼可以随便着装吗?

B: ______________________________

(보통 단정한 옷차림을 하는데 양복을 많이 입습니다.)

(2) A: 在新婚之夜，朋友们流下来闹洞房吗?

B: ______________________________

(보통 남측 친한 친구들이 저녁 늦게 까지 신혼 방에서 오락을 합니다.)

(3) A: 日本人和韩国人比中国人更重视礼节吗?

B: ______________________________

(TV에서 보나 직접 봐도 그런 것 같습니다.)

(4) A: 中国在很多地方改用西方礼仪的原因是?

B: ______________________________

(전쟁 때문인 것 같습니다. 그리고 젊은이들은 서양문화를 좋아합니다.)

三. 본문의 내용에 따라 아래의 질문에 중국어로 대답하세요.

(1) 要参加朋友的婚礼应准备什么?

(2) 什么是闹洞房?

(3) 为什么现在在中国看不到传统礼仪呢?

(4) 将来在中国能恢复传统礼仪吗?

Exercise

练习

1. 상자 안에 주어진 단이 혹은 구를 사용하여 다음 문장을 완성하세요.

就是	好像	应该	不过	相处

(1) 我的朋友明天结婚，我________做点儿什么准备?

(2) 是很好的朋友，是________多年的公司同事。

(3) 闹洞房________朋友们让新郎、新娘表演节目。

(4) 日本人和韩国人________比中国人更重视礼仪。

(5) ________有些礼仪和中国古代的礼仪差不多。

2. 주어진 단어들을 문법에 맞게 재배열하여 올바른 문장을 만드세요.

(1) 公司 | 结婚 | 明天 | 多年的 | 我们 | 同事 | 相处 |

→ ________________________________

(2) 我 | 很多人 | 婚礼 | 都 | 参加 | 那个 | 希望 |

→ ________________________________

(3) 结婚人 | 洞房 | 房子 | 就是 | 住的 | 刚 |

→ ________________________________

(4) 礼仪 | 时尚 | 他们 | 一种 | 把 | 西方 | 学习 | 当作 |

→ ________________________________

(5) 研究 | 中国 | 问题 | 一下 | 确实 | 礼仪 | 认真 | 应该 |

→ ________________________________

3. 아래에 주어진 단어나 구를 사용하여 문장을 만드세요.

(1) 相处________________________________

(2) 看不到________________________________

(3) 当作________________________________

(4) 应该________________________________

访 问

방문

조회장 일행은 중국회사를 방문하면서 의류원단에 대해 자세히 알아본다. 예전에 중국에서는 순면, 순배, 순모로 된 원단이 가장 인기가 있었지만 현재에는 혼합섬유가 유행하고 이런 원단으로 만든 고품격제품들이 더 인기가 있다는 것을 알게 된다. 그리고 현재 많은 중국회사들은 아직도 자금조달에 고통을 겪을 뿐만 아니라 지나치게 수출에 의존하고 있음을 알 수 있었다.

访问: 방문

Dialogue 1 _ 회사 방문

A: 赵会长，您对哪些服装感兴趣?

B: 我对这里的所有一切。现在中国的服装变化很大，特别是服装面料变化很快。

A: 对，中国的丝绸制品，在世界各地都很畅销。过去人们喜欢纯棉、纯丝、纯麻、纯毛。随着高科技的发展，各种新的面料越来越多了。

B: 那么最近人们普遍偏爱什么面料呢?

A: 近来最时髦的要算是混纺丝，比方说丝毛、丝麻、化纤仿真丝绸。这些新的面料，手感好，穿起来挺舒适。

B: 这套夏装是什么面料?

A: 是超薄型毛纺面料。轻、薄、柔软，光洁也有丝绸风格。

B: 非常漂亮！你们的这些生产线是国产的吗?

A: 不，是进口的。我们引进了世界一流专用设备。

B: 人员都是在哪儿培训的?

A: 是在欧洲一些国家和日本等国家短期培训，我们自己也培训。

A: Zhào huì zhǎng, nín duì nǎxiē fúzhuāng gǎn xìngqù?

B: Wǒ duì zhèlǐ de suǒyǒu yíqiè xiànzài zhōngguó de fúzhuāng biànhuà hěn dà, tèbié shì fúzhuāng miànliào biànhuà hěn kuài.

A: Duì, zhōngguó de sīchóu zhìpǐn, zài shìjiè gèdì dōu hěn chàngxiāo. Guòqù rénmen xǐhuān chún mián, chún sī, chún má, chún máo, suízhe gāo kējì de fā zhǎn, gè zhǒng xīn de miànliào yuè lái yuè duōle.

B: Nàme zuìjìn rénmen pǔbiàn piān'ài shénme miànliào ne?

A: Jìnlái zuì shímáo de yāo suànshì hùnfǎng sī, bǐfāng shuō sī máo, sī má, huàxiān fǎngzhēn sīchóu. Zhèxiē xīn de miànliào, shǒugǎn hǎo, chuān qǐlái tǐng shūshì.

B: Zhè tào xiàzhuāng shì shénme miànliào?

A: Shì chāo bó xíng máofǎng miànliào qīng, báo, róuruǎn, guāngjié yěyǒu sīchóu fēnggé.

B: Fēicháng piàoliang! nǐmen de zhèxiē shēngchǎnxiàn shì guóchǎn de ma?

A: Bù, shì jìnkǒu de wǒmen yǐnjìnle shìjiè yìliú zhuānyòng shèbèi.

B: Rényuán dōu shì zài nǎr péixùn de?

A: Shì zài ōuzhōu yì xiē guójiā hé rìběn děng guójiā duǎnqí péixùn, wǒmen zìjǐ yě péixùn.

Dialogue 2 _ 오랜 친구 만나기

A: 陈董事长，幸会，幸会。

B: 非常欢迎你们来我公司访问啊。您对我们这儿的印象如何呀?

A: 非常不错。我们还特意看了你们的工厂。我觉得董事长还有更远大的目标啊。

B: 说实话，是有这样的想法，可惜就是资金有点儿问题。如果你们来投资，大家合作，我们能发展得更快。我们有信心，今后几年之内，成为国内生产这类产品的最大企业。

A: 听说你们国内的竞争也很厉害。

B: 现在做什么都有竞争，但是我们掌握了关键技术，这就是我们的核心竞争力。

A: 你们的产品在国外卖得怎么样?

B: 在目前有40%的产品出口，明年还会扩大，希望达到50%。

A: 如此发展下去，那不就成了出口转向性国际化企业了吗！

B: 正是这样，走向国际化就是我们的目标。

A: Chén dǒngshì zhǎng, xìng huì, xìng huì.

B: Fēicháng huānyíng nǐmen lái wǒ gōngsī fǎngwèn a nín duì wǒmen zhèr de yìnxiàng rúhé ya?

A: Fēicháng bùcuò wǒmen hái tèyì kànle nǐmen de gōngchǎng wǒ juédé dǒngshì zhǎng hái yǒu gèng yuǎndà de mùbiāo a.

B: Shuō shíhuà, shì yǒu zhèyàng de xiǎngfǎ, kěxí jiùshì zījīn yǒudiǎnr wèntí. Rúguǒ nǐmen lái tóuzī, dàjiā hézuò, wǒmen néng fāzhǎn dé gèng kuài.Wǒmen yǒu xìnxīn, jīnhòu jǐ nián zhī nèi, chéngwéi guónèi shēngchǎn zhè lèi chǎnpǐn de zuìdà qǐyè.

A: Tīng shuō nǐmen guónèi de jìngzhēng yě hěn lìhài.

B: Xiànzài zuò shénme dōu yǒu jìngzhēng, dànshì wǒmen zhǎngwòle guānjiàn jìshù, zhè jiùshì wǒmen de héxīn jìngzhēng lì.

A: Nǐmen de chǎnpǐn zài guówài mài dé zěnme yàng?

B: Zài mùqián yǒu 40%de chǎnpǐn chūkǒu, míngnián hái huì kuòdà, xīwàng dádào 50%yǐshàng.

A: Rúcǐ fāzhǎn xiàqù, nà bú jiù chéngle chūkǒu zhuǎnxiàng xìng guójì huà qǐyèle ma!

B: Zhèng shì zhèyàng, zǒuxiàng guójì huà jiùshì wǒmen de mùbiāo.

生词 New Words

感兴趣 gǎnxìngqù 관심이 있다. 흥미를 느끼다
所有一切 suǒyǒuyíqiè 모든 것, 전부, 온갖
面料 miànliào 옷감, 원단, 물건 표면에 붙이는 재료
丝绸制品 sīchóuzhìpǐn 실크제품
畅销 chàngxiāo 잘 팔리다, 매상이 좋다, 판로가 넓다
纯棉 chúnmián 순면
纯麻 chúnmá 순배
纯毛 chúnmáo 순모
偏爱 piān'ài 편애, 편애하다
化纤 huàxiān 화학섬유, 합성섬유
仿真 fǎngzhēn 시뮬레이션, 진짜와 같다, 진짜와 거의 같다
超薄型 chāobóxíng 초박형, 아주 얇은 형태
薄 bó 얇다, (인정이)메마르다, 진하지 않다
柔软 róuruǎn 유연하다, 부드럽고 연하다, 부드럽다
光洁 guāngjié 밝고[빛나고] 깨끗하다, 윤기 돈다
手感 shǒugǎn 감촉, 손의 감촉
培训 péixùn 훈련[양성]하다, 기르다, 훈련시키다
董事长 dǒngshìzhǎng 대표이사, 회장, 이사장
印象 yìnxiàng 인상
如何 rúhé 어떻게, 어떤, 어떻게 하면
特意 tèyì 특별히, 일부러, 특히
能 néng 재능, 재능이 있다, …할 수 있다
信心 xìnxīn 자신, 확신, 신념
竞争 jìngzhēng 경쟁, 경쟁하다
厉害 lìhài 사납다, 심하다, 지독하다
关键 guānjiàn 관건, 키포인트, 가장 중요한
核心 héxīn 핵심, 중심
出口转向 chūkǒuzhuǎnxiàng 수출전향

阅读一 상호 방문(互访)

人总是需要交流的，访问是交流的重要方式。访问能够消除误会，加深了解，加强合作，增强友谊，可以让人与人之间的关系变得更加亲密。

新中国成立后，在20多年里，几乎所有的西方国家都与中国失去了联系。中国不了解西方，西方也不了解中国，双方都用仇视的目光看着对方。自1972年以后，中美、中日、中韩等恢复了正常的外交关系。中国领导人也开始访问西方国家。这些访问，就是中国改革开放的基础，是中国走向世界的第一步。

国家如此，企业也是如此。中国人心中一直对那些最先访问中国的西方企业家怀有深深的敬意。那些企业家不管政府的态度，冒着很大的风险进入中国，给中国人带来了友好的信息。虽然他们的目的就是赚钱，但是，他们推开了一道沉重的大门，让中国的老百姓知道：各个国家的人没有那么大的差别。

词语

消除 xiāochú 제거하다, 퇴치하다, 청산하다
误会 wùhuì 오해, 오해하다
加深 jiāshēn 깊어지다, 심화하다, 깊게하다
增强 zēngqiáng 증강하다, 강화하다
失去 shīqù 잃다, 잃어버리다
了解 liǎojiě 알다, 이해하다, 조사하다
更加 gèngjiā 더욱더, 한층, 더
仇视 chóushì 적대시 하다, 원수같이 보다
如此 rúcǐ 이와 같다, 이러하다
怀有 huáiyǒu 품다, 품고 있다, 가지고 있다
敬意 jìngyì 경의, 예의
冒着 màozhe 무릅쓰다
风险 fēngxiǎn 위험
信息 xìnxī 소식, 기별, 뉴스, 정보
沉重 chénzhòng 무겁다, 심각하다, 중대하다
一道 yídào 같이, 하나, 하는 김에, 한 군데
推开了 tuīkāile 밀어 열었다, 밀어내었다, 밀어젖혔다

阅读二 회사 방문(访问公司)

看资料很难全面了解一个公司，如果你希望和它做生意，而且是比较大的生意，或者是希望建立长期的合作关系，应该亲自访问一下这个公司。

现在访问中国公司很方便，你可以直接和公司联系，约好访问时间和日程。如果你无法确定究竟找哪家公司，你也可以要求政府部门安排接受访问的公司。在中国，无论是国有企业还是私营企业，他们都很尊重政府的决定。一些重大的买卖或合作项目，必须通过政府部门的批准才能进行。所以，如果你希望一切顺利，应该和有关政府部门建立良好关系。

访问中国公司的时候，公司代表中最好能有一两个能说中文的人。完全靠翻译进行交流，有时候可能翻译得不够准确，另外，对方会觉得你不了解中国的情况。

词语

很难 hěnnán 매우 어렵다, 매우 곤란하다, 아주 어렵다
做生意 zuòshēngyì 장사하다, 영업하다
建立 jiànlì 세우다, 건립하다, 설립하다
亲自 qīnzì 몸소, 친히, 직접
约好 yuēhǎo …로 약속하다
确定 quèdìng 확정하다, 명확하다, 확실하다
接受 jiēshòu 받다, 받아들이다, 수락하다
无论 wúlùn …에도 불구하고[막론하고], …에 관계없이, …도 상관없이
尊重 zūnzhòng 존중하다, 중시하다, 엄숙하고 무게가 있다
建立 jiànlì 세우다, 건립하다, 설립하다
良好关系 liánghǎoguānxi 양호한 관계, 좋은 관계, 우호적인 관계
最好 zuìhǎo 가장 좋다, 제일 좋다, (가장)바람직한 것은, (제일)좋기는
靠 kào 의지하다, 의거하다
准确 zhǔnquè 틀림없다, 정확하다, 확실하다
国有企业 guóyǒuqǐyè 국유기업
私营企业 sīyíngqǐyè 사기업, 개인 기업
买卖 mǎimài 장사, 매매하다, 사고팔다

pattern & drill

句型与训练

一. 문형연습

句型 1 **厉害** 형 사납다, 무섭다, 심하다, 지독하다, 대단하다, 굉장하다. ['厉害'가 술어로 쓸 때는 주어의 선택을 주의해야 한다. 그리고 '厉害'가 보어로 쓰였으나 동사와의 결합이 부적절한 경우도 있다(雨下得(×厉害)很大).]

> • 他第一次上台讲课心跳得厉害。
> * 그는 강단에서 처음 강의를 하여 가슴이 몹시 뛰었다.

练习

这张票子破得	厉害	，怕使不出去。
他头晕得		，站不住。
今天天气冷得		，恐怕不能散步了。

句型 2 **如此** 문어 이와 같다, 이러하다.

> • 如此重要的工作万万疏懈不得。
> * 이처럼 중요한 일에 절 때 게으름 피워서는 안 돼!

练习

只不过	如此	，我们注意一下就行。
中国经济		发展下去，会赶上先进国家的。
没想到，这个问题		重要?

句型 3 **关键** 명 관건, 열쇠, 결정적인 요소, 키포인트

> • 在你的人生道路中，这是十分关键的一步。
> * 너의 인생길에서 이것이 결정적인 첫걸음이다.

형 매우 중요한, 절대 절명의.

• 最关键的一句话给落了。
* 가장 중요한 말 한마디를 빠뜨리다.

练习

首先兴办	关键	性的建设项目。
扩大再生产的		问题是资金问题。
兴建自动化生产线的		是技术问题。

句型 4 特意 부 특별히, 일부러, 특히

• 谢谢你特意来接我们。
* 일부러 우리를 마중 나와 주셔서 감사합니다.

练习

设计师	特意	将墙面设计得较为规整。
谢谢您		为我们安排宴席。
这些资料是		为韩国客人准备的。

二. 아래의 대화를 중국어로 완성하세요.

(1) A: 赵会长，您对哪些服装感兴趣?

B: ______________________________

(제가 보기에는 여기에 있는 모든 복장들이 다 좋습니다.)

(2) A: 这些生产线都是进口的吧?

B: ______________________________

(대부분은 수입품인데 국산설비의 성능도 괜찮습니다.)

(3) A: 非常欢迎你们来我公司访问啊！

B: ______________________________

(저희들은 오래전부터 오고 싶었고 또 회장님도 뵙고 싶었습니다.)

(4) A: 听说你们国内的竞争很厉害。

B: ______________________________

(하지만 저희들은 가장 중요한 핵심기술을 가지고 있습니다.)

三. 본문의 내용에 따라 아래의 질문에 중국어로 대답하세요.

(1) 在过去人们喜欢什么面料?那么现在呢?

(2) 使用先进设备的技术人员是在哪儿培训的?

(3) 陈董事长现在遇到的最大的难题是什么呢?

(4) 陈董事长公司的最终目标是什么呢?

练习

1. 상자 안에 주어진 단어 혹은 구를 사용하여 다음 문장을 완성하세요.

各种 | 成了 | 普遍 | 还有 | 特别

(1) 中国的服装变化很大，＿＿＿＿＿是服装面料。

(2) 随着高科技的发展，＿＿＿＿＿新的面料越来越多了。

(3) 最近人们＿＿＿＿＿偏爱的面料是混纺。

(4) 我觉得董事长＿＿＿＿＿更远大的目标啊！

(5) 那不就＿＿＿＿＿出口转向性国际化企业了吗！

2. 주어진 단어들을 문법에 맞게 재배열하여 올바른 문장을 만드세요.

(1) 面料 | 这套 | 用的 | 什么 | 服装 | 是 |

→ ＿＿＿＿＿＿＿＿＿＿＿＿＿＿＿＿

(2) 世界 | 我们 | 设备 | 了 | 的 | 专用 | 引进 | 一流 |

→ ＿＿＿＿＿＿＿＿＿＿＿＿＿＿＿＿

(3) 生产线 | 吗 | 你们 | 国产 | 是 | 的 | 这些 |

→ ＿＿＿＿＿＿＿＿＿＿＿＿＿＿＿＿

(4) 呀 | 我们 | 如何 | 您 | 印象 | 对 | 的 | 这儿 |

→ ＿＿＿＿＿＿＿＿＿＿＿＿＿＿＿＿

(5) 核心 | 这就 | 竞争力 | 的 | 是 | 我们 |

→ ＿＿＿＿＿＿＿＿＿＿＿＿＿＿＿＿

3. 아래에 주어진 단어나 구를 사용하여 문장을 만드세요.

(1) 感兴趣＿＿＿＿＿＿＿＿＿＿＿＿＿＿＿＿

(2) 特意＿＿＿＿＿＿＿＿＿＿＿＿＿＿＿＿

(3) 如何＿＿＿＿＿＿＿＿＿＿＿＿＿＿＿＿

(4) 关键＿＿＿＿＿＿＿＿＿＿＿＿＿＿＿＿

经济(一)

경제(1)

개혁개방 이후 중국경제는 몰라보게 발전해 일부 지역은 세계선진국 수준에 윗 돌고 있다. 개혁초기(80년대 초) 중국의 인구 당 GDP는 400불에 불과했으나 30여 년간의 지속적인 발전을 거쳐 2009년 말 현재 인구 당 GDP는 5,000불에 달한다. 경제발전에 힘입은 현대중국인들의 소비성향은 완전한 변화를 가져와 새로운 가치관을 형성하고 있다.

经济(一): 경제(1)

Dialogue 1 _ 경제와 GDP

A: 我看中国挺富裕的，为什么你们总说自己是发展中国家呢?

B: 跟中国的过去相比，当然是有进步，但是和你们这些发达国家比，差距还是很大的。

A: 差距确实有，但没有那么大吧?

B: 差距非常大。你都去过哪些地方?

A: 上海、北京、成都，还有一些旅游景点。

B: 你去的差不多都是中国最富裕的地方，到中国西部看看，你就明白了。

A: 但现在中国的人均GDP也不低呀?

B: 是啊，虽然比起改革开放初期当然高了不少，但是还没有进入发达国家行列。

A: 那么改革开放之前的中国经济是怎么样的呢?

B: 那时中国人均GDP只有400美元，在当时的目标是用20年间达到人均800美元，而过了30多年后的今天，中国的人均GDP已达到5000美元，但只能说是初具规模了。

A: Wǒ kàn zhòng guó tǐng fùyù de, wèishénme nǐmen zǒng shuō zìjǐ shì fāzhǎn zhōngguójiā ne?

B: Gēn zhōngguó de guòqù xiāng bǐ, dāngrán shì yǒu jìnbù, dànshì hé nǐmen zhèxiē fādá guójiā bǐ, chājù háishì hěn dà de.

A: Chājù quèshí yǒu, dàn méiyǒu nàme dà ba?

B: Chājù fēicháng dà nǐ dōu qùguò nǎxiē dìfāng?

A: Shànghǎi, běijīng, chéngdū, hái yǒu yìxiē lǚyóu jǐngdiǎn.

B: Nǐ qù de chàbùduō dōu shì zhōngguó zuì fùyù de dìfāng, dào zhōngguó xībù kàn kàn, nǐ jiù míngbáile.

A: Dàn xiànzài zhōngguó de rénjūn GDP yě bù dī ya?

B: Shì a, suīrán bǐ qǐ gǎigé kāifàng chūqí dāngrán gāo le bù shǎo, dànshì hái méiyǒu jìnrù fādá guójiā hángliè.

A: Nàme gǎigé kāifàng zhīqián de zhōngguó jīngjì shì zěnme yàng de ne?

B: Nà shí zhōngguó rénjūn GDP zhǐyǒu 400 měiyuán, zài dāngshí de mùbiāo shì yòng 20 niánjiān dádào rénjūn 800 měiyuán, érguòle 30 duōnián hòu de jīntiān, zhōngguó de rénjūn GDP yǐ dádào 5000 měiyuán, dàn zhǐ néng shuō shì chū jù guīmóle.

Dialogue 2 _ 대외 무역

A: 以前我在部分城市里看到过，零零星星地保留着的专卖出口衣服的外贸店，这是为什么？

B: 在过去，它们曾经是中国消费者向往的地方。很多人心中的外贸，只有出口，跟进口没关系，没有几个人买得起进口货。

A: 同样的国产货，他们为什么那样喜欢出口货呢？

B: 人们热衷于购买出口转内销的产品，是因为它们是专门为外国人加工的，质量好，价格也不贵。这样以来，贸易公司也一样，对出口的关心远远超过了进口。

A: 那么到了21世纪后，人们的消费观念还是跟过去一样吗？

B: 完全变了。进入21世纪后，国家的外贸部变成了商务部，对外贸易变成了国际贸易。人们的视野更加开阔，对贸易的理解也更加深刻了。

A: 能不能具体一点？

B: 人们的价值观和生活的变化从日本电器，到德国汽车，再到美国苹果手机，中国老百姓可以自豪地说：只有没见过的，没有没用过的。

A: Yǐqián wǒ zài bùfèn chéngshì lǐ kàn dàoguò, líng líng xīngxīng de bǎoliúzhe de zhuānmài chūkǒu yīfú de wàimào diàn, zhè shì wèishnéme?

B: Zài guòqù, tāmen céngjīng shì zhōngguó xiāofèi zhě xiàngwǎng de dìfāng. Hěnduō rén xīnzhōng de wàimào, zhǐyǒu chūkǒu, gēn jìnkǒu méiguānxì, méiyǒu jǐ gèrén mǎi dé qǐ jìnkǒu huò.

A: Tóngyàng de guóchǎn huò, tāmen wèishéme nàyàng xǐhuān chūkǒu huò ne?

B: Rénmen rèzhōng yú gòumǎi chūkǒu zhuǎn nèixiāo de chǎnpǐn, shì yīnwèi tāmen shì zhuānmén wèi wàiguó rén jiāgōng de, zhìliàng hǎo, jiàgé yě bú guì. Zhèyàng yǐlái, màoyì gōngsī yě yīyàng, duì chūkǒu de guānxīn yuǎn yuǎn chāoguòle jìnkǒu.

A: Nàme dàole 21 shìjì hòu, rénmen de xiāofèi guānniàn háishì gēn guòqù yíyàng ma?

B: Wánquán biànle. Jìnrù 21 shìjì hòu, guójiā de wàimào bù biàn chéngle shāngwù bù, duìwài màoyì biàn chéngle guójì màoyì. Rénmen de shìyě gèngjiā kāikuò, duì màoyì de lǐjiě yě gèngjiā shēnkèle.

A: Néng bunéng jùtǐ yīdiǎn?

B: Rénmen de jiàzhíguān hé shēnghuó de biànhuà cóng rìběn diànqì, dào déguó qìchē, zài dào měiguó píngguǒ shǒujī, zhōngguó lǎobǎixìng kěyǐ zìháo de shuō: Zhǐyǒu méi jiànguò de, méiyǒu méi yòngguò de.

生词 New Words

相比 xiāngbǐ 비교하다, 서로 견주다, 비량하다
发达国家 fādáguójiā 선진국
差距 chājù 격차, 차, 갭
哪些 nǎxiē 어느, 어떤
旅游景点 lǚyóujǐngdiǎn 관광지, 관광 명소
明白 míngbái 분명하다, 명백하다, 총명하다
人均 rénjūn 1인당 …하다
行列 hángliè 행렬, 대열, 배열
达到 dádào 도달하다, 달성하다, 이르다
进口货 jìnkǒuhuò 수입품
初具规模 chūjùguīmó 틀이 잡히다
零零星星 línglíngxīngxīng 드문드문하다, 소량이다, 보잘것없다, 자질구레하다
保留着 bǎoliúzhe 보존하고 있다, 보류하고 있다, 남겨 놓고 있다
专卖 zhuānmài 전매하다, 독점 판매하다
曾经 céngjīng 이미, 일찍이, 이전에
向往 xiàngwǎng 동경하다, 지향하다, 그리워하다
买得起 mǎidéqǐ 살 수가 있다, 살 형편이 된다
热衷于 rèzhōngyú …에 열심이다, …만 열중한다
消费观念 xiāofèiguānniàn 소비관념, 소비성향
视野 shìyě 시야
开阔 kāikuò 넓다, 크다, 광활하다
出口转内销 chūkǒu zhuǎn nèixiāo 수출품 국내 판매
深刻 shēnkè 깊다, 핵심을 찌르다, 본질을 파악하다
价值观 jiàzhíguān 가치관
自豪地 zìháode 자랑스레
具体 jùtǐ 구체적이다, 특정의, 실제의

阅读一 불균형 경제(不均衡经济)

中国经济发展过程中出现的最大问题就是不均衡。这种不均衡表现在很多方面。地区发展不均衡，东部和西部差别很大；城乡发展不均衡，农村的建设速度远远落后于城市；人群发展不均衡，1%的家庭掌握了全国41.4%的财富，财富的集中程度超过美国，成为全球贫富悬殊最严重的国家之一。

造成这些问题的原因很多。速度，可能是造成中国经济发展出现一些问题的重要原因之一。因为发展速度太快，财富增加速度太快，有很多问题来不及研究，来不及解决。比如说，税金是减少贫富差距的重要手段，但是，由于无法准确统计富人的收入，挣工资的普通人成了国家的主要税收对象。

词语

过程 guòchéng 과정
出现 chūxiàn 출현하다, 발견하다, 나타내다
表现 biǎoxiàn 표현(하다), 행동, 태도
掌握 zhǎngwò 파악하다, 장악하다, 정복하다, 지배하다, 숙달하다
不均衡 bùjūnhéng 불균형
城乡 chéngxiāng 도시와 농촌
农村 nóngcūn 농촌
远远落后 yuǎnyuǎnluòhòu 멀리 뒤처지다, 멀리 뒤떨어지다
人群 rénqún 사람의 무리, 군중, 인류
贫富悬殊 pínfùxuánshū 빈부차이가 크다
集中程度 jízhōngchéngdù 집중정도, 집약수준
造成 zàochéng 조성하다, 만들다, 발생시키다
来不及 láibují 미치지 못하다, 손쓸 틈이 없다, 시간이 맞지 않다
税金 shuìjīn 세금
贫富差距 pínfùchājù 빈부격차
由于 yóuyú … 때문에, …로 인하여, …로 말미암아
无法 wúfǎ …할 수 없다, 방법이 없다, 무법이다
税收对象 shuìshōuduìxiàng 세수 대상

阅读二 휴일경제(假日经济)

“长假”的制定，主要目的是推动“假日经济”。通过长假启动内需，创造出一些新的需求。由于周末和节假日本来就是商业消费的集中时间，七天长假更是旅游、交通和商业集中时段，相对于商家赚钱的商机，媒体称为“黄金周”。

中国人闲假时间的增多，大大丰富了人们的生活内容。与此同时，百姓的休闲消费能力也在不断提高，用于餐饮、购物、旅游、健身、娱乐等的消费与以前相比大幅度增加。这标志着人们从满足现实的基本生活需要转向对精神生活的向往，从传统的生产—消费模式逐渐转向消费—生产模式，人们开始从有限发展自己阶段进入到全面发展自己的新阶段。

词语

长假 chángjià 연휴, 장기휴가
制定 zhìdìng 제정하다, 만들다, 세우다
假日 jiàrì 휴일, 쉬는 날
启动 qǐdòng 시동하다, 놀라게 하다, 놀래다
内需 nèixū 내수
更是 gèngshì 더욱(더), 보다(더)
时段 shíduàn 시간 대, 시간 프레임
商机 shāngjī 상업 기회, 사업 기회
媒体 méitǐ 매체, 매개물, 매개체
增多 zēngduō 많아지다, 증가하다
大大丰富 dàdàfēngfù 많이 풍부하다, 아주 많다, 아주 풍부하다
与此同时 yǔcǐtóngshí 이와 동시에, 아울러, 이와 함께
百姓 bǎixìng 평민, 백성, 귀족의 총칭
大幅度 dàfúdù 대폭(적인)
标志着 biāozhìzhe 상징하다, 명시하다
向往 xiàngwǎng 동경하다, 지향하다, 그리워하다
逐渐 zhújiàn 점점, 점차, 차츰차츰
模式 móshì 표준 양식, 유형, 패턴

pattern & drill

句型与训练

一. 문형연습

句型 1 跟…… 相比 ~와 비교하다, ~에 비해. [비교의 대상을 이끌어 서로 비교를 한다.]

• 此次上市的产品，跟现有产品相比性能更优秀。
* 이번에 출시된 신제품은 기존 제품에 비해 성능이 훨씬 좋다.

练习

这里的条件	跟	以前	相比	好了很多。
产品质量		过去		改进了不少。
现在的中国经济		改革前		有了翻天覆地的变化。

句型 2 零零星星 형 자질구레하다, 소량이다, 보잘 것 없다.

• 我零零星星地听到一些消息。
* 나는 자질구레한 몇 가지 뉴스를 들었다.

산발적이다. 띄엄띄엄 있다. [술어로 쓰이지 않는다.]

• 下着零零星星的小雨。
* 간간이 보슬비가 내리고 있다.

练习

在上海	零零星星	地还保留着古代建筑。
黄土高原上		地长有几棵树。
黄昏时分		的几颗星在闪耀着。

句型 3 热衷 동 간절히 바라다, 정신을 쓰다, 열중하다.

• 英国人热衷于喝下午茶。
* 영국 사람들은 오후 차를 즐겨 마신다.

练习

他们公司	热衷	于技术改良。
在过去有些人		于溜须拍马。
现在很多年轻人		于学习西方文化及生活方式。

句型 4 **曾经** 부 일찍이, 이전에, 이미, 벌써. [시간 사 '时间词'가 없는 경우에는 부정형이 안된다.]

• 他为了入学考试，曾经三个月不出门。
* 그는 입학시험 때문에 3개월 동안 외출하지 않았다.

练习

我们	曾经	经历了长远而艰苦的路程。
张经理		说过这些事情。
这些老旧设备		改造过很多次。

二. 아래의 대화를 중국어로 완성하세요.

(1) A: 我看现在中国挺富裕的。

B: ______________________________

(과거에 비하면 많이 발전했죠. 하지만 아직은 선진국이 아닙니다.)

(2) A: 现在中国的人均收入也不低吧?

B: ______________________________

(개혁개방 초기에는 400불이였으나 현재는 5,000불을 능가했습니다.)

(3) A: 以前，在中国的许多地方还保留着外贸店。

B: ______________________________

(과거 그런 매점들은 중국소비자들이 지향하던 곳이기도 합니다.)

(4) A: 人们热衷于购买出口转内销产品是因为,

B: ______________________________

(그런 제품들은 질이 좋고 가격도 싸기 때문입니다.)

三. 본문의 내용에 따라 아래의 질문에 중국어로 대답하세요.

(1) 现在中国很富裕，但是为什么还认为是发展中国家?

(2) 在改革开放以前的中国经济是怎么样的呢?

(3) 在过去很多中国人为什么喜欢出口转内销产品?

(4) 现在中国人的消费观念变了吗?

Exercise

练习

1. 상자 안에 주어진 단어 혹은 구를 사용하여 다음 문장을 완성하세요.

差不多	总说	这些	只有	保留着

(1) 为什么你们__________自己是发展中国家?

(2) 但是和__________发达国家比，差距还是很大。

(3) 你们去的__________都是中国最富裕的地方。

(4) 有些地方还__________专卖出口衣服的外贸店。

(5) 很多人心中的外贸，__________出口，跟进口没关系。

2. 주어진 단어들을 문법에 맞게 재배열하여 올바른 문장을 만드세요.

(1) GDP | 现在 | 不低 | 也 | 的 | 人均 | 中国 |

→ ______________________________

(2) 改革开放 | 不少 | 比起 | 高了 | 初期 | 当然 |

→ ______________________________

(3) 发达国家 | 现在 | 的 | 还 | 行列 | 进入 | 没有 |

→ ______________________________

(4) 地方 | 它们 | 中国 | 曾经 | 的 | 向往 | 是 | 消费者 |

→ ______________________________

(5) 理解 | 深刻了 | 人们 | 更加 | 也 | 贸易的 | 对 |

→ ______________________________

3. 아래에 주어진 단어나 구를 사용하여 문장을 만드세요.

(1) 只能______________________________

(2) 曾经______________________________

(3) 向往______________________________

(4) 更加______________________________

经济(二)

경제(2)

중앙정부의 정책들은 나라의 경제발전과 국민들의 생활에 아주 유용하게 작용하는 한편 불리하게 작용하는 점도 매우 많다. 새로운 정책이 시행되면서 긴 시간이 소요된다는 점들이 시장변화에 잘 적응할 수 없게 되고 시장의 자율조정이 필요하다. 현대 중국인들은 자유시장 경제에 힘을 입어 성격마저 변해 가고 있어 예전의 중국사람 답지 않게 모든 일에 바삐 움직이고 있다.

经济(二): 경제(2)

Dialogue 1 _ 정책과 시장

A: 中央政府经常发布这样或那样的政策，你觉得好吗?

B: 很难说。有时候很好，有时候不那么好。

A: 什么时候好呢?

B: 在市场出现严重问题的时候。政策不是万能的，市场也不是万能的。特别是在国际贸易中，国内市场经常受到国际市场影响，需要政府制定政策，减少这种影响。

A: 那么，什么时候不好呢?

B: 只要市场能自己解决的问题，就应该让市场解决。比如说，由政府来统一管理价格，这就不太好。一个政策需要几个月才能制定好，可是市场变化很快。

A: 制定政策是很麻烦的事，为什么有的政策部门那么喜欢做这件事?

B: 大概他们觉得自己比别人聪明吧。再说，政府机构公务员太多了，他们得有事做。

A: Zhōngyāng zhèngfǔ jīngcháng fābù zhèyàng huò nàyàng de zhèngcè, nǐ juédé hǎo ma?

B: Hěn nánshuō yǒu shíhòu hěn hǎo, yǒu shíhòu bú nàme hǎo.

A: Shénme shíhòu hǎo ne?

B: Zài shìchǎng chūxiàn yánzhòng wèntí de shíhòu. Zhèngcè búshì wànnéng de, shìchǎng yě búshì wànnéng de. Tèbié shì zài guójì màoyì zhōng, guónèi shìchǎng jīngcháng shòudào guójì shìchǎng yǐngxiǎng, xūyào zhèngfǔ zhìdìng zhèngcè, jiǎnshǎo zhè zhǒng yǐngxiǎng.

A: Nàme, shénme shíhòu bù hǎo ne?

B: Zhǐyào shìchǎng néng zìjǐ jiějué de wèntí, jiù yīnggāi ràng shìchǎng jiějué. Bǐrú shuō, yóu zhèngfǔ lái tǒngtǒng guǎnlǐ jiàgé, zhè jiù bú tài hǎo. Yīgè zhèngcè xūyào jǐ gè yuè cáinéng zhìdìng hǎo, kěyǐ shìchǎng biànhuà hěn kuài.

A: Zhìdìng zhèngcè shì hěn máfan de shì, wèishénme yǒu de zhèngcè bùmén nàme xǐhuān zuò zhè jiàn shì?

B: Dàgài tāmen juédé zìjǐ bǐ biérén cōngmíng ba. Zàishuō, zhèngfǔ jīgòu gōngwùyuán tài duōle, tāmen děi yǒushì zuò.

Dialogue 2 _ 경제와 성격

A: 最近，很多外国人都说，中国人做什么都着急，没有耐心。

B: 我觉得他们说得很有道理。这里有文化的问题，但更主要是经济问题。

A: 这是根据什么呢?

B: 30年以前外国人来中国，一般的看法是中国人做事情很慢，走路慢，说话慢，工作也慢。20年以前，韩国人做什么都很着急，总要求快一点，和现在的中国差不多。当然，韩国人比较遵守规定，这是文化问题。

A: 为什么中国人现在这么着急呢?

B: 中国人想富起来啊。中国缺少先进的技术，想多赚点钱，只能靠多花时间，多干活。外国人休假的时候，中国人在打工。长时间紧张工作，人们就会失去耐心。

A: 我明白了，人们的心情主要是跟经济有关的。

B: 文化也很重要。我们应该要更好地继承好的优良传统，多看书学习，这样才能我们的心理会更耐心一些。

A: Zuìjìn, hěnduō wàiguó rén dōu shuō, zhōngguó rén zuò shénme dōu zhāojí, méiyǒu nàixīn.

B: Wǒ juédé tāmen shuō dé hěn yǒu dàolǐ zhè li yǒu wénhuà de wèntí, dàn gèng zhǔyào shi jīngjì wèntí.

A: Zhè shì gēnjù shénme ne?

B: 30 Nián yǐqián wàiguó rén lái zhōngguó, yìbān de kànfǎ shì zhōngguó rén zuò shìqíng hěn màn, zǒulù màn, shuōhuà màn, gōngzuò yě màn 20 nián yǐqián, hánguó rén zuò shénme dōu hěn zhāojí, zǒng yāoqiú kuài yìdiǎn, hé xiànzài de zhōngguó chàbùduō. Dāngrán, hánguó rén bǐjiào zūnshǒu guīdìng, zhè shì wénhuà wèntí.

A: Wèishénme zhōngguó rén xiànzài zhème zhāojí ne?

B: Zhōngguó rén xiǎng fù qǐlái a. Zhōngguó quē shào xiānjìn de jìshù,Xiǎng duō zhuàn diǎn qián, zhǐ néng kào duō huā shíjiān, duō gàn huó.Wàiguó rén xiūjià de shíhòu, zhōngguó rén zài dǎgōng. Cháng shíjiān jǐnzhāng gōngzuò, rénmen jiù huì shīqù nàixīn.

A: Wǒ míngbáile, rénmen de xīnqíng zhǔyào shi gēn jīngjì yǒuguān de.

B: Wénhuà yě hěn zhòngyào. Wǒmen yīnggāi yào gèng hǎo de jìchéng hǎo de yōuliáng chuántǒng, duō kànshū xuéxí, zhèyàng cáinéng wǒmen de xīnlǐ huì gèng nàixīn yìxiē.

生词 New Words

政府 zhèngfǔ 정부, 관청
发布 fābù 발포하다, 선포하다
市场 shìchǎng 시장
严重问题 yánzhòngwèntí 심각한 문제, 중대한 일
万能 wànnéng 만능이다, 온갖 일에 능하다, 여러 가지 용도가 있다
受到 shòudào …을 받다
制定 zhìdìng 제정하다, 만들다, 세우다
减少 jiǎnshǎo 줄다, 감소하다, 적어지다
才能 cáinéng …에야 …할 수 있다, …해야만 …해낼 수 있다
部门 bùmén 부, 부문, 분과, 부서
大概 dàgài 대강, 개략, 대요
机构 jīgòu 기구, 기계의 내부 구조나 장치, 기관·단체 등의 사업 단위
耐心 nàixīn 참을성, 참을성이 있다, 끈기 있다
富起来 fùqǐlái 부유해지다
根据 gēnjù 근거, 근거하다, 의거하다
看法 kànfǎ 견해, 의견, 보는 방법
慢 màn 느리다, 늦추다
遵守规定 zūnshǒuguīdìng 규칙을 지키다, 규정을 준수하다
缺少 quēshǎo 모자라다, 결핍하다, 부족하다
花时间 huāshíjiān 시간을 쓰다, 시간을 소비하다
心情 xīnqíng 심정, 기분, 마음
有关 yǒuguān 관계가 있다, …에 연관되다, …에 관계되다
优良传统 yōuliángchuántǒng 좋은 전통, 우수한 전통, 훌륭한 전통
心理 xīnlǐ 심리, 기분
就会 jiùhuì ~만 할 줄 알다, ~이면 ~수 있다, ~이면 ~것이다
性格 xìnggé 성격

阅读一 경제학(经济学)

经济学被认为是"社会科学之皇后"，被西方人认为是最接近自然科学的学科。人们相信经济学家真的能解决问题，中国老百姓也是如此。但在中国经济建设过程中，经济学家的声誉不是越来越好，而是越来越差。

有些经济学家说，经济学不是预测学，不是研究具体经济问题的，而是研究理论问题的。这种解释学者听得懂，老百姓听不明白。事实上根本的问题是经济学是在西方国家发展起来的，它研究的对象主要是西方经济。即使某些理论有一定的普遍适应性，但在特定的经济环境中也会出现差异。所以，经济学家不必自责，也不需要辩护，需要的是进一步的研究。

词语

被认为 bèirènwéi …로 인정되다, …로 생각되다
之 zhī 그, 이, 그것, …의[종속관계를 나타냄], …한[일반적 수식과를 나타냄]
皇后 huánghòu 황후
也是如此 yěshìrúcǐ 역시 이러하다, 역시 이와 같다
接近 jiējìn 접근하다, 가까이하다, 가깝다
声誉 shēngyù 성예, 명예, 명성과 명예
预测学 yùcèxué 예측학
不是 … 而是 búshì … érshì …이 아니고…이다
听得懂 tīngdédǒng 알아들을 수 있다
特定 tèdìng 특정한, 특별히 지정한, 일정한
差异 chāyì 차이, 다른점
自责 zìzé 자책하다
辩护 biànhù 변호, 변호하다
听不明白 tīngbùmíngbái 잘 알아듣지 못하다, 잘 이해하지 못하다
事实上 shìshíshàng 사실상, 사실은, 실제로는
对象 duìxiàng 대상, 애인, 상대
普遍 pǔbiàn 보편적이다, 널리 퍼져 있다, 일반적이다
适应性 shìyìngxìng 적성, 적응성, 적합성

阅读二 홍콩경제(香港经济)

香港，全称中华人民工和国特别行政区，英文名为HONGKONG。香港是一个充满诱惑的城市，它是全球最富裕、经济最发达和生活水平最高的地区之一，是"亚洲四小龙"之一，是国际金融商贸中心之一。

自由市场经济，是香港经济最基本的特征，也是促使其经济成功的重要因素之一。其核心内容是通过价值规律、供求关系、竞争机制的自发调节来实现社会资源的有效配置。香港的自由市场经济是在自由港基础上形成的。政府除了对关系社会、民生土地、公屋、食水、大米和一些公用事业进行直接控制、配置或管理外，对贸易、商业、工业、航运等重要部门一概不干预，让它在市场自动调节下运作，同时实行简便的低税制度。

词语

全称 quánchēng 전칭(생략하지 않은 명칭 또는 성명)
充满 chōngmǎn 가득 차다, 가득 채우다, 충만하다
诱惑 yòuhuò 유혹하다, 호리다, 매혹하다
特征 tèzhēng 특징, 특별히 소집하다, 특별히 부름을 받다
促使 cùshǐ …도록 하다, …하게 하다, 재촉하다
因素 yīnsù 구성 요소, 원인, 조건
供求关系 gōngqiúguānxi 공급과 수요 관계
机制 jīzhì 시스템, 메커니즘, 구조
自发调节 zìfātiáojié 자발적 조율, 자발적 조절, 자발적인 조정
有效 yǒuxiào 유효, 유효하다, 효력이 있다
配置 pèizhì 배치하다, 할당, 배당
公屋 gōngwū 공유 가옥, 국유 가옥
一概 yígài 전부, 모조리, 일률적으로
干预 gānyù 관여, 참견, 관여하다
运作 yùnzuò 활동하다, 운행하다, 운전하다
简便 jiǎnbiàn 간편하다, 간단하고 편리하다

pattern & drill

◎ 句型与训练

一. 문형연습

句型 1 有时候…… 有时候 이따금 ~이따금, 간혹 ~간혹, 가끔 ~가끔.

• 最近的天气，有时候下雨，有时候刮风。
* 요즘 날씨는 가끔 비 오고 가끔 바람이 분다.

练习

现在的政策	有时候	好	有时候	不符合市场情况。
对公司的印象		觉得不错		觉得还不够先进。
最近他的身体		好一点		还不太好，不稳定。

句型 2 大概 명 대강, 개요.

• 你介绍得这么详细，即使不去看，也能了解个大概。
* 당신이 이렇게 자세하게 설명하여, 보러가지 않더라도 대강은 알 수 있다.

형·부 대략(의), 개략적인

• 故事讲了三遍了，大概的内容听懂了吗?
* 이야기를 세 번째 했는데 개략적인 내용을 알아들었습니까?

부 아마. [짐작이나 추측을 나타낸다.]

• 大概他有什么急事了，否则他不会不来的。
* 아마 그가 어떤 급한 일이 있는 듯하다. 그렇지 않으며 안 올 리 없다.

练习

这本书我没细看，只	大概	翻了翻。
会议		要延期。
韩国客人下月底		可以到上海。

句型 3 跟 동 따라가다, 좇아가다.

• 他在前面走, 一群孩子在后面跟着他。
* 그는 앞에서 걸어가고 그 뒤로는 한 무리 애들이 좇아갔다.

개 ~와[동작의 대상을 이끌어 드릴 때 쓰임], ~에게, ~를 향하여.

• 他跟我讲了许多有趣的故事。
* 그는 나에게 재미있는 많은 이야기를 들려주었다.

접 ~와[과] [병열 관계를 나타낸다.]

• 我跟他都在北京大学学习汉语。
* 나와 그는 모두 베이징대에서 중국어를 배운다.

练习

我不愿意永远	跟	着他们走。
有事要		大家商量。
上海的气候		韩国一样吗?

句型 4 有关 동 관계가 있다.

• 这和国家的命运有关。
* 이것은 국가의 운명과 관계가 있다.

동 관계하다, ~에 연관되다, ~에 관계되다.

• 他研究了历代有关水利问题的著作。
* 그는 역대 수리 문제와 연관된 저작을 연구하였다.

练习

他广泛利用了	有关	传记的原始资料。
他们研究了		经济改革的论文。
与各		部门进行磋商。

二. 아래의 대화를 중국어로 완성하세요.

(1) A: 中央制定的政策什么时候好呢?

B: ______________________________

(시장에 심각한 문제가 발생했을 때 정부정책이 필요합니다.)

(2) A: 中央的政策什么时候不好呢?

B: ______________________________

(가격관리에서 시장 자체자율조정이 가능할 때는 시장에 맡겨야 합니다.)

(3) A: 听说如今的中国人做什么都很着急。

B: ______________________________

(이는 문화적인 원인보다는 경제적인 원인이 더 클 것입니다.)

(4) A: 那么中国人现在为什么那样着急呢?

B: ______________________________

(돈은 벌어야 하는데 기술수준이 낮아 시간이 필요하기 때문입니다.)

三. 본문의 내용에 따라 아래의 질문에 중국어로 대답하세요.

(1) 中央政策是万能吗?

(2) 市场是万能吗?

(3) 30年以前中国人有什么样的特点呢?

(4) 那么现在的中国人为什么那样着急呀?

Exercise

练习

1. 상자 안에 주어진 단어 혹은 구를 사용하여 다음 문장을 완성하세요.

要求 | 这样 | 不是 | 着急 | 应该

(1) 政府经常发布__________或那样的政策。

(2) 政策不是万能的，市场也__________万能的。

(3) 只要市场能自己解决的问题，就__________让市场解决。

(4) 很多外国人都说，中国人做什么都__________。

(5) 韩国人做什么都很着急，总__________快一点。

2. 주어진 단어들을 문법에 맞게 재배열하여 올바른 문장을 만드세요.

(1) 经济 | 国内 | 影响 | 受到 | 的 | 市场 | 国际 |

→ ______________________________

(2) 政策 | 事 | 的 | 很 | 麻烦 | 是 | 制定 |

→ ______________________________

(3) 聪明 | 他们 | 别人 | 大概 | 觉得 | 比 | 自己 |

→ ______________________________

(4) 中国人 | 外国人 | 工作 | 的 | 时候 | 休假 |

→ ______________________________

(5) 继承 | 我们 | 传统 | 应该 | 优良 | 更好地 |

→ ______________________________

3. 아래에 주어진 단어나 구를 사용하여 문장을 만드세요.

(1) 受到______________________________

(2) 才能______________________________

(3) 有关______________________________

(4) 大概______________________________

政 策

정책

경제성장과 함께 경제 제도들도 자주 변화하게 된다. 따라서 중국에 진출한 다국적기업들은 급변하는 중국정책에 주의력을 기울려야 하고 상응되는 대응책을 내야 한다. 그리고 현재 중국정부에서는 아직도 외국의 자본과 기술을 적극 유치하고 있지만 다국적기업에 대한 특혜는 예전과 달리 많은 변화를 가져 왔으며 지역적으로 차이를 두고 있다.

政策: 정책

Dialogue 1 _ 경제정책

A: 我认为经济政策都很重要，可这么多政策，谁能记得住啊。

B: 这确实是个问题。在过去政府规定是电器产品保修一年，后来改为三年，可是生产电器的外企就不知道这个政策，引起了消费者的不满。

A: 是啊，外国人汉语不好，想了解政策比中国人难多了。

B: 其实也没那么难，重要的涉外经济政策都有外文翻译。大公司会有专家处理这些问题，小公司可以咨询法律人士。当然，对一些关键问题，还是自己知道一点更好。

A: 没错，谁也不可能什么事都找专家，找法律顾问。

B: 中国有句话，叫入境随俗。到中国发展，应该了解中国的政策。同样，中国公司到外国投资，也要了解当地的政策。

A: 你说得有道理，唉，做生意实在是太麻烦了。

B: 做生意麻烦，花钱的时候就不麻烦了。

A: Wǒ rènwéi jīngjì zhèngcè dōu hěn zhòngyào, kě zhème duō zhèngcè, shéi néng jìdé zhù a.

B: Zhè quèshí shìgè wèntí. Zài guòqù zhèngfǔ guīdìng shì diànqì chǎnpǐn bǎoxiū yì nián, hòulái gǎi wèi sān nián, kě shì shēngchǎn diànqì de wàiqǐ jiù bù zhīdào zhège zhèngcè, yǐnqǐle xiāofèi zhě de bùmǎn.

A: Shì a, wàiguó rén hànyǔ bù hǎo, xiǎng liǎojiě zhèngcè bǐ zhōngguó rén nán duōle.

B: Qíshí yě méi nàme nán, zhòngyào de shèwài jīngjì zhèngcè dōu yǒu wàiwén fānyì. Dà gōngsī huì yǒu zhuānjiā chǔlǐ zhèxiē wèntí, xiǎo gōngsī kěyǐ zīxún fǎlǜ rénshì. Dāngrán, duì yìxiē guānjiàn wèntí, háishì zìjǐ zhīdào yìdiǎn gèng hǎo.

A: Méi cuò, shéi yě bù kěnéng shénme shì dōu zhǎo zhuānjiā, zhǎo fǎlǜ gùwèn.

B: Zhōngguó yǒu jù huà, jiào rùjìng suísú. Dào zhōngguó fāzhǎn, yīnggāi liǎojiě zhōngguó de zhèngcè. Tóngyàng, zhōngguó gōngsī dào wàiguó tóuzī, yě yào liǎojiě dāngdì de zhèngcè.

A: Nǐ shuō dé yǒu dàolǐ, āi, zuò shēngyì shízài shì tài máfanle.

B: Zuò shēngyì máfan, huā qián de shíhòu jiù bù máfanle.

Dialogue 2 _ 대외 경제정책

A: 一些外商说，中国的涉外经济政策变了，不如过去了，是这样吗?

B: 我觉得不能简单地说不如过去了，要看具体情况。

A: 比如说，现在的准入门槛就比以前高了。

B: 是的。我想这很容易理解，你看看中国的污染程度就知道了。另外，有些产品技术要求低，产量太大，外商投资也赚不到钱，只能增加竞争压力。

A: 据说外企还要提高税收。

B: 不是提高，在税收上，对外企也逐步实行国民待遇。原来外企交的税比中国企业低得多，甚至不交税，这不太公平，现在要逐步调整，最后大家要交一样的税。

A: 我明白了。不过这是否跟中国现在钱多了有关系?

B: 确实有这方面的因素。但中国还是个缺钱，缺技术的国家，尤其是缺乏高端技术，所以必须要坚持招商引资。

A: Yīxiē wàishāng shuō, zhōngguó de shèwài jīngjì zhèngcè biànle, bùrú guòqùle, shì zhèyàng ma?

B: Wǒ juédé bùnéng jiǎndān de shuō bu rú guòqùle, yào kàn jùtǐ qíngkuàng.

A: Bǐrú shuō, xiànzài de zhǔn rù ménkǎn jiù bǐ yǐqián gāole.

B: Shì de, wǒ xiǎng zhè hěn róngyì lǐjiě, nǐ kàn kàn zhòng guó de wūrǎn chéngdù jiù zhīdàole. Lìngwài, yǒuxiē chǎnpǐn jìshù yāoqiú dī, chǎnliàng tài dà, wàishāng tóuzī yě zhuàn bù dào qián, zhǐ néng zēngjiā jìngzhēng yālì.

A: Jùshuō wàiqǐ hái yào tígāo shuìshōu.

B: Bùshì tígāo, zài shuìshōu shàng, duì wàiqǐ yě zhúbù shíxíng guómín dàiyù. Yuánlái wàiqǐ jiāo de shuì bǐ zhōngguó qǐyè dī de duō, shènzhì bù jiāo shuì, zhè bù tài gōngpíng, xiànzài yào zhúbù tiáozhěng, zuìhòu dàjiā yào jiāo yīyàng de shuì.

A: Wǒ míng bái le bùguò zhè shìfǒu gēn zhōngguó xiànzài qián duōle yǒu guānxì?

B: Quèshí yǒu zhège fāngmiàn de yīnsù, dàn zhōngguó háishì gè quē qián, quē jìshù de guójiā, yóuqí shì quēfá gāoduān jìshù, suǒyǐ bìxū yào jiānchí zhāoshāng yǐnzī.

生词 New Words

记得住 jìdezhù 기억할 수 있다, 기억해낼 수 있다
是个 shìge …에 불과하다, …이다
电器产品 diànqìchǎnpǐn 가전제품, 전기제품
保修 bǎoxiū 정비하다, 손질하다, 수리를 보증하다
引起 yǐnqǐ 끌다, 야기하다, 일으키다
消费者 xiāofèizhě 소비자
不满 bùmǎn 불만, 불만족 하다, 차지 않다
涉外 shèwài 외교에 관련되다
处理 chǔlǐ 처리하다, 안배하다, 해결하다
咨询 zīxún 자문하다, 상의하다, 의논하다
关键问题 guānjiànwèntí 관건적인 문제, 중요한 사안, 키포인트 문제
法律顾问 fǎlǜgùwèn 법률 고문
入境随俗 rùjìng suísú 다른 나라에 가면, 먼저 그 고의 금령을 물어 본다, 그 고장에 가면 그 고장 풍속을 따라야 한다
外商 wàishāng 외국 상인, 외국 상사
不如 bùrú …만 못하다, …하는 편이 낫다
准入 zhǔnrù 진출을 허가받다, 진입을 허락하다
门槛 ménkǎn 문턱, 기준, 요령
污染 wūrǎn 오염, 오염되다, 오염시키다
竞争压力 jìngzhēngyālì 경쟁압력
提高税收 tígāoshuìshōu 세수를 높이다, 세수입을 향상시키다, 세수를 끌어올리다
逐步 zhúbù 한 걸음 한 걸음, 차츰차츰, 한 걸음씩
国民待遇 guómíndàiyù 내국민 대우, 자국민 대우, 자국인 대우
甚至 shènzhì …까지도, 심지어, …조차도
公平 gōngpíng 공평하다
缺乏 quēfá 결핍되다, 모자라다, 부족하다
高端技术 gāoduānjìshù 최첨단기술
招商引资 zhāoshāngyǐnzī 투자를 유치하다

阅读一 외국자본(外资)

开放30多年，中国共吸收外资9000多亿美元，外资项目60多万个。目前，在华运营的外资企业有20万家，其中，中型、大型企业约有7万家。

来华投资外资的主要特点，一是，亚洲国家最多。主要来自日本、韩国以及香港、台湾地区。韩国对外投资总量不大，但大部分都投向中国。英、美、德等投资大国在中国的投资并不多。二是，投资领域少。外资三分之二进入制造业，其中，通信、计算机等电子设备制造业局第一位。三分之一进入服务业，其中房地产60%，商务服务和零售批发占30%。三是，东部多西部少。外资大多投向东部，占总投资的86%，西部只占14%。而在东部的投资也主要集中在少数经济发达省市。

词语

外资 wàizī 외자
吸收 xīshōu 받아들이다, 흡수하다, 빨아들이다
运营 yùnyíng 운행과 영업, 운행 영업하다
约有 yuēyǒu 약 …이 있다
来自 láizì (…에서)오다, (…에서) 나오다[생겨나다]
总量 zǒngliàng 총중량, 전체 수량
投向 tóuxiàng 투입 방향
并不 bìngbù 결코 …하지 않다, 결코 …이 아니다
领域 lǐngyù 영역, 분야
制造业 zhìzàoyè 제조업
局 jú 형세, 구성하다
服务业 fúwùyè 서비스업
其中 qízhōng 그 속, 그 중
零售 língshòu 소매, 소매하다, 낱개로 팔다
批发 pīfā 도매, 발송을 비준하다, 대량으로 팔다
占 zhàn 차지하다,
集中 jízhōng 집중하다, 모으다, 모이다
发达 fādá 발달하다, 발전시키다, 향상하다

阅读二 외자효익(外资效益)

中国涉外经济政策的出发点是双赢，即在中国经济发展的同时，让外国投资者得到应有的回报。根据对全国7万家中、大型外资企业的经营情况分析，2000年—2008年，外商投资企业在华创造的财富和获得的利润不断增长。在财富分配上，职工工资年均提高11%，政府税收年均增长25%，外资企业净利润年均增长36%。这表明，职工、政府、企业都有收益，而企业得到的最多。

以汽车为例，当全世界汽车产业都不景气的时候，全世界最大的16家汽车产业跨国公司中，有15家在华投资了69家企业。结果，它们的平均投资利润率达到11.2%。中国对于许多跨国公司来说，已经成为获得投资回报最高的地区。

词语

双赢 shuāngyíng 양측 모두 이익을 얻다, 윈윈하다
即 jí 곧 …이다, 즉 …이다, 즉각, 바로
应有 yìngyǒu 응당 있어야 할, 상응하는, 합당한, 당연한
回报 huíbào 보고하다, 보답하다, 보복하다
分析 fēnxi 분석, 분석하다
创造 chuàngzào 창조하다, 발명하다, 만들다
利润 lìrùn 이윤
年均 niánjūn 연평균, 한해 평균
净利润 jìnglìrùn 순 이윤
收益 shōuyì 수익, 이득, 수입, 이득
以 yǐ …(으)로(써), …하여, …을 가지고, …을 근거로, …에 의해서
为例 wéilì 예를 들다, 사례로 하다
不景气 bùjǐngqì 경기가 나쁘다, 불경기이다, 불황
跨国公司 kuàguógōngsī 다국적 기업
结果 jiéguǒ 결과, 결국, 결말, 최후의 성과
对于 duìyú 동사가 가리키는 동작·작용이 향하는 대상을 가리킴
许多 xǔduō 허다한, 대단히 많은
获得 huòdé 얻다, 획득하다

pattern & drill

句型与训练

一. 문형연습

句型 1 引起 동 야기시키다, [사건 등을]일으키다, [주의를]끌다. ['引起'와 '受到'를 비교할 때 '称赞'은 '引起'의 목적어로 쓰이지 않는다.]

• 事故是由于粗心大意而引起的。
* 사고는 부주의 때문에 발생한 것이다.

练习

中秋的圆月	引起	了我的思乡之情。
这个问题往往		激烈的争论。
过分的要求往往		员工们的不满。

句型 2 甚至 부 심지어, ~까지도, ~조차도, ~마저.

• 甚至大年初一他还要去加班。
* 그는 심지어 정월 초하루에도 잔업 하러 가려 한다.

개 ~까지도

• 这件事甚至小孩子也知道。
* 이 일은 어린아이까지도 안다.

접 더욱이, 더 나아가서는

• 这是他的志愿、希望，甚至是宗教。
* 이것은 그의 바람이요 희망이며, 종교이기까지 하다.

练习

他激动得	甚至	流下了眼泪。
这些商业秘密		他们也知道。
产品质量是公司的希望,		是生命。

句型 3 **了解** **동** 잘 알다, (자세히 잘) 알다, 이해하다. ['了解'와 '理解'를 비교할 때, '理解'는 사람을 목적어로 주로 취하고 동물·자연물 목적어로 잘 취하지 않는다.]

• 大家了解你的困难。
* 여러분들은 네 어려움을 잘 안다.

동 조사하다, 알아 보다.

• 你去了解一下，他们到底有什么打算?
* 그들이 도대체 어떤 생각을 갖고 있는지 네가 가서 알아보아라.

练习

根据我们	**了解**	的情况，他们下月就发货。
对这项工作,		的甚少，需要调查。
进一步		目前市场的情况。

句型 4 **当然** **형** 당연하다, 물론이다.

• 形成这种情况是当然的。
* 이러한 상황이 된 것은 당연한 것이다.

부 당연히, 물론

• 借的东西当然要还给人家。
* 빌린 물건은 당연히 돌려주어야 한다.

练习

广告牌	**当然**	要挂在招眼的地方。
采用人员		要根据标准来采择。
产品质量有问题,		不能出口。

二. 아래의 대화를 중국어로 완성하세요.

(1) A: 如今政府的政策又多又经常变化。

B: ______________________________

(그러기 때문에 외국기업들에게는 큰 문제가 되고 있습니다.)

(2) A: 如果外国人在中国不懂汉语，对了解政策有影响吧?

B: ______________________________

(아마도 그렇겠지요. 그래도 본인이 중국어 할 줄 아는 것이 더 좋습니다.)

(3) A: 一些外商说，如今的中国涉外政策不如以前了。

B: ______________________________

(예전보다 못한 것이 아니고 내국인들과 동등한 대오를 하는 것입니다.)

(4) A: 现在的中国是否有很多钱?

B: ______________________________

(과거에 비해 많지만 그래도 아직은 자본과 기술이 부족한 나라입니다.)

三. 본문의 내용에 따라 아래의 질문에 중국어로 대답하세요.

(1) 外企有时候为什么引起了消费者的不满?

(2) 做生意的外国人在中国不懂汉语行吗?

(3) 现在中国的准入门槛比以前高了吗?

(4) 对外企，中国的税收政策和过去一样吗?

Exercise

练习

1. 상자 안에 주어진 단어 혹은 구를 사용하여 다음 문장을 완성하세요.

不如 | 记得住 | 后来 | 觉得 | 麻烦

(1) 这么多政策，谁能__________啊。

(2) 在过去政府规定是电器产品保修一年，__________改为三年。

(3) 做生意__________，花钱的时候就不麻烦了。

(4) 外商说中国的涉外经济政策变了，__________过去了。

(5) 我__________不能简单地说不如过去了。

2. 주어진 단어들을 문법에 맞게 재배열하여 올바른 문장을 만드세요.

(1) 经济 | 我 | 重要 | 认为 | 很 | 都 | 政策 |

→ ________________________________

(2) 难多了 | 外国人 | 中国人 | 想 | 政策 | 比 | 了解 |

→ ________________________________

(3) 经济 | 翻译 | 重要 | 涉外 | 外文 | 的 | 都有 | 政策 |

→ ________________________________

(4) 大家 | 逐步 | 税 | 的 | 调整后 | 一样 | 交 |

→ ________________________________

(5) 国家 | 中国 | 的 | 高端技术 | 缺乏 | 还是 |

→ ________________________________

3. 아래에 주어진 단어나 구를 사용하여 문장을 만드세요.

(1) 引起________________________________

(2) 逐步________________________________

(3) 甚至________________________________

(4) 缺乏________________________________

地理(一)

지리(1)

현재 중국은 960만㎢의 국토 면적을 갖고 있어 전 세계적으로 3위이다. 현재 중국의 행정구역은 모두 34개 구역으로 나누고 있는데 직할시로부터 성, 자치구, 특별행정구역 등으로 형성된다. 광대한 국토에 14억 인구까지 갖고 있어 대국으로도 자리매김을 한다. 하지만 문화수준, 농업경작지와 자원 등이 문제가 되고 있다.

地理(一): 지리(1)

Dialogue 1 _ 행정 구역

A: 中国是大国，不知行政区域是怎么划分的?

B: 中国有960万平方公里的土地，分成4个直辖市、23个省、5个自治区和2个特别行政区，共有34个行政区。

A: 这些行政区间都有不同的等级吧?

B: 简单地说，中国的行政区分为三级。省、自治区、直辖市是一级行政区，县、市是二级，乡、镇是三级。

A: 那城市有大有小，这些是怎样分等级呀?

B: 实际情况要复杂一些，比如说，同样是城市，既有副省级市，也有地级市，还有县级市。它们的行政权、立法权和财政权都不一样。

A: 另外，中国的两个特别行政区是指什么呀?

B: 就是香港和澳门。对它们实行"一国两制"，即实行与内地不同的政治制度。

A: 它们都享有什么样的权力呢?

B: 它们享有高度的自治权，有独立的行政、立法、司法体系，有自己的货币，也不需要向中央政府交税。它除了不负责外交和国家安全方面的问题，拥有类似国家的各方面的权力。

A: Zhōngguó shì dàguó, bùzhī xíngzhèng qūyù shì zěnme huàfēn de?

B: Zhōngguó yǒu 960 wàn píngfāng gōnglǐ de tǔdì, fēnchéng 4 gè zhíxiáshì, 23 gè shěng,5 gè zìzhìqū hé 2 gè tèbié xíngzhèngqū, gòngyǒu 34 gè xíngzhèngqū.

A: Zhèxiē xíngzhèngqū jiān dōu yǒu bùtóng de děngjí ba?

B: Jiǎndān de shuō, zhōngguó de xíngzhèngqū fēn wéi sān jí. Shěng, zìzhìqū, zhíxiáshì shì yī jí xíngzhèngqū, xiàn, shì shì èr jí, xiāng, zhèn shì sān jí.

A: Nà chéngshì yǒu dà yǒu xiǎo, zhèxiē shì zěnyàng fēn děngjí ya?

B: Shíjì qíngkuàng yào fùzá yìxiē, bǐrú shuō, tóngyàng shì chéngshì, jì yǒu fù shěng jí shì, yěyǒu dì jí shì, hái yǒu xiàn jí shì. Tāmen de xíngzhèng quán, lìfǎ quán hé cáizhèng quán dōu bù yìyàng.

A: Lìngwài, zhōngguó de liǎng gè tèbié xíngzhèngqū shì zhǐ shénme ya?

B: Jiùshì xiānggǎng hé àomén duì tāmen shíxíng "yīguóliǎngzhì", jí shíxíng yǔ nèidì bùtóng de zhèngzhì zhìdù.

A: Tāmen dōu xiǎngyǒu shén me yàng de quánlì ne?

B: Tāmen xiǎngyǒu gāodù de zìzhì quán, yǒu dúlì de xíngzhèng, lìfǎ, sīfǎ tǐxì, yǒu zìjǐ de huòbì, yě bù xūyào xiàng zhōngyāng zhèngfǔ jiāo shuì. Tā chú le bù fùzé wàijiāo hé guójiā ānquán fāngmiàn de wèntí, yǒngyǒu lèisì guójiā de gè fāngmiàn de quánlì.

Dialogue 2 _ 인구와 면적

A: 常说中国是人口最多的国家，那中国到底有多少人口?

B: 2000年有12.9亿人。现在多少说不准。国家正在调查，大概接近14亿。

A: 这么多！不过，中国的土地面积大，应该没问题。

B: 没问题?如果看数量，好像没有问题。中国平均每平方公里有130人，东部人口集中地区，每平方公里也就是400多人，比日本和欧洲少。但要是看质量，就有很大问题。

A: 看什么质量?

B: 一个是人口质量。中国受高等教育人口太少，特别是农村，人口增加快，受教育程度低，很难适应未来社会。另一个是资源质量。中国土地面积太少，但有很多土地暂时无法利用，人均资源也非常少。

A: 日本和欧洲也有问题。特别是日本，人口老龄化的问题也很严重。

B: 所以说，人口结构可能是最重要的。

A: Cháng shuō zhōngguó shì rénkǒu zuìduō de guójiā, nà zhōngguó dàodǐ yǒu duōshǎo rénkǒu?

B: 2000 Nián yǒu 12.9 Yì rén xiànzài duōshǎo shuō bu zhǔn guójiā zhèngzài diàochá, dàgài jiējìn 14 yì.

A: Zhème duō bùguò, zhōngguó de tǔdì miànjī dà, yīnggāi méi wèntí.

B: Méi wèntí? Rúguǒ kàn shùliàng, hǎoxiàng méiyǒu wèntí. Zhōngguó píngjūn měi píngfāng gōng li yǒu 130 rén, dōngburénkǒu jízhōng di qū, měi píngfāng gōnglǐ yě jiùshì 400 duō rén, bǐ rìběn hé ōuzhōu shǎo, dàn yàoshi kàn zhìliàng, jiù yǒu hěn dà wèntí.

A: Kàn shénme zhìliàng?

B: Yīgè shì rénkǒu zhìliàng. Zhōngguó shòu gāoděng jiàoyù rénkǒu tài shǎo, tèbié shì nóngcūn, rénkǒu zēngjiā kuài, shòu jiàoyù chéngdù dī, hěn nán shìyìng wèilái shèhuì. Lìng yígè shì zīyuán zhìliàng zhōngguó tǔdì miànjī tài shǎo, dàn yǒu hěnduō tǔdì zànshí wúfǎ lìyòng, rénjūn zīyuán yě fēicháng shǎo.

A: Rìběn hé ōuzhōu yěyǒu wèntí tèbié shì rìběn, rénkǒu lǎolíng huà de wèntí yě hěn yánzhòng.

B: Suǒyǐ shuō, rénkǒu jiégòu kěnéng shì zuì zhòngyào de.

生词 New Words

行政区域 xíngzhèngqūyù 행정구역
划分 huàfēn 나누다, 구분하다, 구별하다
直辖市 zhíxiáshì 직할시
省 shěng 성(중국의 최상급 지방행정 단위)
自治区 zìzhìqū 자치구
等级 děngjí 등급, 차별, 계급
立法权 lìfǎquán 입법권
财政权 cáizhèngquán 재정권
香港 xiānggǎng 홍콩
澳门 àomén 마카오
享有 xiǎngyǒu 향유하다, 얻다, 누리다
自治权 zìzhìquán 자치권
独立 dúlì 홀로 서다, 독립, 독자적으로 하다
立法 lìfǎ 입법하다, 법률을 제정하다, 법을 세우다
司法体系 sīfǎtǐxì 사법체계, 사법체제
货币 huòbì 화폐, 돈
类似 lèisì 유사하다, 비슷하다
到底 dàodǐ 도대체, 마침내, 결국
说不准 shuōbuzhǔn 단언하기가 어렵다, …일지도 모른다
土地面积 tǔdìmiànjī 토지면적
质量 zhìliàng 질량, 질, 품질
很难适应 hěnnánshìyìng 적응하기 어렵다
资源 zīyuán 자원, 천연자원
暂时 zànshí 잠시, 잠깐, 일시
无法利用 wúfǎliyòng 이용[활용·응용]할 방법이 없다
老龄化 lǎolínghuà 고령화
人口结构 rénkǒujiégòu 인구 구성, 인구 구조

阅读一 경제특구 (经济特区)

1979年4月邓小平首次提出要开办"出口特区"，后于1980年3月，"出口特区"改名为"经济特区"，并在深圳加以实施。按其实质，以减免关税等优惠措施为手段，通过创造良好的投资环境，鼓励外商投资，引进先进技术和科学管理方法，以达促进特区所在国经济技术发展的目的。经济特区实行特殊的经济政策，灵活的经济措施和特殊的经济管理体制，并坚持以外向型经济为发展目标。

1979年7月，中共中央、国务院同意在广东省的深圳、珠海、汕头三市和福建省的厦门市试办出口特区。1980年5月，中共中央和国务院决定将深圳、珠海、汕头和厦门这四个出口特区改称为经济特区。截至目前中国大陆地区共有7个经济特区。

词语

经济特区 jīngjìtèqū 경제특구
改名为 gǎimíngwéi (~으로) 개명을 하다
按其实质 ànqíshízhì 그 실질에 따르면, 그 본질에 따르면
手段 shǒuduàn 수단, 수법, 잔꾀
首次 shǒucì 최초, 첫째, 제1회
开办 kāibàn 설립하다, 개업하다, 개최하다
加以 jiāyǐ …을 가하다, …하다
实施 shíshī 실시, 실시하다
减免 jiǎnmiǎn 감면하다, 면제하다
优惠 yōuhuì 특혜의, 수수료, 구전
措施 cuòshī 조치, 대책, 시책
引进 yǐnjìn 끌어들이다, 도입하다, 추천하다
灵活 línghuó 민첩하다, 재빠르다, 융통성이 있다
外向型 wàixiàngxíng 외향성, 수출형, 수출지향형의
体制 tǐzhì 체제, 제도, 체계
为 wéi 하다, …당하다
试办 shìbàn 시험적으로 해 보다
截至 jiézhì …에 이르다, 끝내다, 멈추다

阅读二 중국서부(中国西部)

中国西部地区包括重庆、四川、贵州、云南、广西、陕西、甘肃、青海、宁夏、西藏、新疆、内蒙古等十二个省、市和自治区。其土地面积538万平方公里，占全国国土面积的56%；目前有人口约2.87亿，占全国人口的22.99%。西部地区疆域辽阔，人口稀少,是我国经济欠发达、需要加强开发的地区。全国尚未实现温饱的贫困人口大部分分布于该地区，它也是我国少数民族聚集的地区。

西部地区的自然资源特别丰富。其水能蕴藏总量占全国的82.5%，已开发水能资源占全国的77%，但开发利用尚不足1%。其矿产资源的储量十分可观。依据已探明储量，西部地区的煤炭占全国的36%，石油占12%，天然气占53%。全国已探明的140多种矿产资源中，西部地区就有120多种，一些稀有金属的储量名列全国乃至世界的前茅。该地区的旅游资源得天独厚，秦兵马俑、莫高窟、九寨沟等均位于西部地区。

词语

疆域 jiāngyù 강역, 국가의 영토
辽阔 liáokuò 아득히 멀고 광활하다, 넓고 넓다, 탁 트이다
稀少 xīshǎo 희소하다, 적다, 드물다
欠 qiàn 부족하다, 모자라다, 불충분하다
尚 shàng 존중하다, 아직, 오래다, 또한, 더욱이
温饱 wēnbǎo 의식이 풍족한 생활, 배불리 먹고 따뜻하게 옷 입는 생활
聚集 jùjí 모으다, 모이다, 초점
蕴藏 yùncáng 묻히다, 간직해 두다, 매장되다
水能 shuǐnéng 물 에너지, 수력 에너지
储量 chúliàng 매장량, 저장량
可观 kěguān 가관이다, 볼만하다, 대단하다
依据 yījù 근거, 근거로 하다, 바탕
探明 tànmíng 확인하다, 조사하다, 밝혀내다
稀有金属 xīyǒujīnshǔ 희소 금속
名列前茅 mínglièqiánmáo 이름이 첫 자리에 나붙다, 석차가 앞에 있다
乃至 nǎizhì 더 나아가서, 심지어
得天独厚 détiāndúhòu 처한 환경이 남달리 좋다

pattern & drill

句型与训练

一. 문형연습

句型 1 划分 동 (전체를 여러 부분으로) 나누다, 구분하다, 구획하다.

• 重新划分行政区域。
* 행정구역을 다시 구분하다.

동 구별하다.

• 划分产品等级。
* 제품의 등급을 구별하다.

练习

怎样	划分	轿车等级呢?
把厂区		给他们管理。
产品按质量		等次后再包装。

句型 2 享有 동 (권리·명예 따위를) 누리다, 향유하다, 얻다.

• 在这个地区，他曾享有过很高的威望。
* 그는 이 지역에서 일찍이 높은 명성을 누린 적이 있다.

练习

在我国，男女	享有	同样的权利和义务。
本公司在全世界		盛誉。
先进国家的劳动者		择业权。

句型 3 类似 형 유사(하다), 비슷(하다).

• 这里的山水类似桂林的山水。
* 이 곳의 산과 물은 꾸이린의 산수와 비슷하다.

练习

该作品	类似	古典主义作品。
在我们公司里		的事例并不少见。
保证不再发生		事情。

句型 4 除了 **접** ~을[를] 제외하고[는], ~를 빼고.

• 除了下雨，我每天都坚持长跑。
* 비올 때만 빼고 나는 매일 마다 꾸준히 달리기를 한다.

접 ~외에 또, ~외에 ~도. [‘还, 也, 只’ 등과 호응해서 사용된다.]

• 懂汉语的，除了我还有两个人。
* 중국어를 아는 사람은 나 말고도 두 사람이 더 있다.

접 ~(지) 않으면 ~(을)하다. [‘就是’와 같이 사용되어 양자택일을 나타낸다.]

• 这几天除了刮风，就是下雨。
* 요 며칠 바람이 불지 않으면 비가 내린다.

练习

那条山路，	除了	他，谁也不熟悉。
他们公司		生产，有时候也放几天假。
暑假的时候，他		吃，就是睡。

二. 아래의 대화를 중국어로 완성하세요.

(1) A: 中国的行政区域是这样划分的。

B: ______________________________

(중국은 땅덩어리가 커 행정구역을 모두 34개 구역으로 나눕니다.)

(2) A: 香港和澳门所享有的权力是，

B: ______________________________

(외교와 국가안보를 제외한 국가와 유사한 각 방면의 권력을 행사합니다.)

(3) A: 常说中国是人口大国,

B: ____

(2000년도에는 12.9억이었는데 현재는 얼마인지 정확히 알 수 없습니다.)

(4) A: 为什么中国的人口质量有问题?

B: ____

(고등교육을 받은 인구가 너무 적은데 특히 농촌이 더 심각합니다.)

三. **본문의 내용에 따라 아래의 질문에 중국어로 대답하세요.**

(1) 中国行政区域的等级是怎么划分的?

(2) 两个特别行政区都享有什么权利?

(3) 现在中国的人口密度怎么样?

(4) 人口和资源有什么质量问题?

练习

1. 상자 안에 주어진 단어 혹은 구를 사용하여 다음 문장을 완성하세요.

不一样	都有	适应	应该	类似

(1) 那些城市有大有小__________等级的。

(2) 这些城市的行政权、立法权和财政权都__________。

(3) 它们拥有__________国家的各方面的权利。

(4) 中国的土地面积大，__________没问题。

(5) 受教育程度低，很难__________未来社会。

2. 주어진 단어들을 문법에 맞게 재배열하여 올바른 문장을 만드세요.

(1) 划分的 | 不知 | 的 | 怎么 | 行政区 | 是 | 中国 |

→ ______________________________

(2) 行政区间 | 等级 | 这些 | 的 | 都有 | 不同 |

→ ______________________________

(3) 什么 | 它们 | 呢 | 权力 | 享有 | 都 | 样的 |

→ ______________________________

(4) 人口质量 | 问题了 | 要是 | 看 | 有 | 就是 |

→ ______________________________

(5) 国家 | 很严重 | 很多 | 也 | 老龄化 | 人口 | 问题 |

→ ______________________________

3. 아래에 주어진 단어나 구를 사용하여 문장을 만드세요.

(1) 享有______________________________

(2) 类似______________________________

(3) 到底______________________________

(4) 接近______________________________

地理(二)

지리(2)

한국과 중국은 지리적으로 서로 인접해 있어 역사적으로나 현대 사회에서도 아주 빈번하게 왕래하고 있다. 특히 중국의 개혁개방 이후 중국 죠뚱반도 지역에 투자한 한국기업의 수는 천 개가 넘고 한국의 유명회사 대부분이 그곳에 자리 잡고 자신들의 시장을 갖고 있다. 이러한 국제화 시대 중국에서도 중국 내지 국제 금융센터를 꿈꾸고 있는 대형 도시들이 아주 많다.

地理(二): 지리(2)

Dialogue 1 _ 한국과 쟈뚱

A: 听说胶东离韩国很近，对吗?

B: 山东省的东部沿海地区是个半岛，人们称它为胶东半岛。它离韩国很近，近到韩国人周五晚上坐船过来打高尔夫，周日晚上再坐船回去上班。这不是笑话，是真的。

A: 相隔这么近，有什么经济往来吗?

B: 韩国人喜欢到胶东打高尔夫，更喜欢到胶东投资。烟台、威海、青岛等城市是韩国人最喜欢投资的地方，尤其是青岛，几乎成了韩国人的第二故乡。

A: 是否很多韩国企业在那里投资啦?

B: 2007年，青岛的韩资企业超过4000家，韩资企业从业人员超过44万人，常住青岛的韩国人超过10万人。所以，韩国人在青岛生活不用担心不会说中国话。

A: 但是到2008年以后，由于劳动力成本提高，部分规模小的韩国企业离开了胶东。

B: 是的，但是大公司，像三星、现代、LG、SK等跨国公司，则在胶东站稳了脚步，而且拥有自己的市场。

A: Tīng shuō jiāodōng lí hánguó hěn jìn, duì ma?

B: Shāndōng shěng de dōngbù yánhǎi dìqū shìgè bàndǎo, rénmen chēng tā wèi jiāodōng bàndǎo. Tā lí hánguó hěn jìn, jìn dào hánguó rén zhōu wǔ wǎnshàng zuò chuán guòlái dǎ gāo'ěrfū, zhōu rì wǎnshàng zài zuò chuán huíqù shàngbān. Zhè búshì xiàohuà, shì zhēn de.

A: Xiānggé zhème jìn, yǒu shén me jīngjì wǎnglái ma?

B: Hánguó rén xǐhuān dào jiāodōng dǎ gāo'ěrfū, gèng xǐhuān dào jiāodōng tóuzī, yāntái, wēihǎi, qīngdǎo děng chéngshì shì hánguó rén zuì xǐhuān tóuzī de dìfāng, yóuqí shì qīngdǎo, jīhū chéngle hánguó rén de dì èr gùxiāng.

A: Shìfǒu hěnduō hánguó qǐyè zài nàlǐ tóuzī la?

B: 2007 Nián, qīngdǎo de hán zī qǐyè chāoguò 4000 jiā, hán zī qǐyè cóngyè rényuán chāoguò 44 wàn rén, chángzhù qīngdǎo de hánguó rén chāoguò 10 wàn rén. Suǒyǐ, hánguó rén zài qīngdǎo shēnghuó búyòng dānxīn bú huì shuō zhōngguó huà.

A: Dànshì dào 2008 nián yǐhòu, yóuyú láodònglì chéngběn tígāo, bùfèn guīmó xiǎo de hánguó qǐyè líkāile jiāodōng.

B: Shì de, dànshì dà gōngsī, xiàng sānxīng, xiàndài,LG,SK děng kuàguó gōngsī, zé zài jiāodōng zhàn wěnle jiǎobù, érqiě yǒngyǒu zìjǐ de shìchǎng.

Dialogue 2 _ 금융중심

A: 听说现在好几个中国城市都希望成为中国乃至世界金融中心，这是真的吗?

B: 没错，除了香港以外，深圳、沈阳、天津等都表示这样的希望。但说的最多的还是上海和北京。

A: 在过去民国时期，上海就是中国的金融中心，历史悠久，所以上海希望成为国际金融中心是可以理解的。

B: 是的，上海现在是吸引外资最多的城市，除银行外，上海还有证券交易所、黄金交易所、外汇交易中心等金融机构，而且拥有一大批优秀的金融人才。

A: 那么北京有什么理由?

B: 北京则认为，北京是中国的经济中心，国内几乎所有大银行、保险公司的总部都在北京，外资银行也不少。此外，金融决策机构全在北京。

A: 那么最有希望成为国际金融中心的这两个城市，都有什么准备吗?

B: 这些城市都修建了名叫"环球金融中心"的大楼。北京请美国人设计，22层的双子楼，2009年投入使用。上海请日本人设计101层，世界第三高楼，2008年投入使用。

A: Tīng shuō xiànzài hǎojǐ gè zhōngguó chéngshì dōu xīwàng chéngwéi zhōngguó nǎizhì shìjiè jīnróng zhōngxīn, zhè shì zhēn de ma?

B: Méi cuò, chúle xiānggǎng yǐwài, shēnzhèn, shěnyáng, tiānjīn děng dōu biǎoshì zhèyàng de xīwàng, dàn shuō de zuìduō de háishì shàng hǎi hé běijīng.

A: Zài guòqù mínguó shíqí, shànghǎi jiùshì zhōngguó de jīnróng zhōngxīn, lìshǐ yōujiǔ, suǒyǐ shànghǎi xīwàng chéngwéi guójì jīnróng zhōngxīn shì kěyǐ lǐjiě de.

B: Shì de, shànghǎi xiànzài shì xīyǐn wàizī zuìduō de chéngshì, chú yínháng wài, shànghǎi hái yǒu zhèngquàn jiāoyì suǒ, huángjīn jiāoyì suǒ, wàihuì jiāoyì zhōngxīn děng jīnróng jīgòu, érqiě yǒngyǒu yī dàpī yōuxiù de jīnróng réncái.

A: Nàme běijīng yǒu shén me lǐyóu?

B: Běijīng zé rènwéi, běijīng shì zhōngguó de jīngjì zhōngxīn, guónèi jīhū suǒyǒu dà yínháng, bǎoxiǎn gōngsī de zǒngbù dōu zài běijīng, wàizī yínháng yě bù shǎo. Cǐwài, jīnróng juécè jīgòu quán zài běijīng.

A: Nàme zuì yǒu xīwàng chéngwéi guójì jīnróng zhōngxīn de zhè liǎng gè chéngshì, dōu yǒu shén me zhǔnbèi ma?

B: Zhèxiē chéngshì dōu xiūjiànle míng jiào "huánqiú jīnróng zhōngxīn" de dàlóu. Běijīng qǐng měiguó rén shèjì, 22 céng de shuāngzǐ lóu, 2009 nián tóurù shǐyòng shànghǎi qǐng rìběn rén shèjì 101 céng, shìjiè dì sān gāolóu, 2008 nián tóurù shǐyòng

生词 New Words

胶东 jiāodōng [지명]산둥성의 동쪽지역
沿海地区 yánhǎidìqū 연해 지역
半岛 bàndǎo 반도
高尔夫 gāo'ěrfū 골프, 골프공
上班 shàngbān 출근하다, 당번 근무를 하다
笑话 xiàohuà 우스갯소리, 비웃다, 우스운 이야기
相隔 xiānggé 서로 멀리 떨어지다, 상거, 서로 떨어진 거리
几乎 jīhū 거의, 하마터면
从业人员 cóngyèrényuán 취업한 사람, 종업원
劳动力成本 láodònglìchéngběn 노동력 원가, 일력 생산비
跨国公司 kuàguógōngsī 다국적 기업
则 zé …하면 …하다[인과 관계나 조건을 표시함], 오히려, 그러나
站稳 zhànwěn 똑바로 서다, 안정되게 착지를 하다, 확고히 서다
成为 chéngwéi …으로 되다, …가 되다, …로 변하다
乃至 nǎizhì 심지어, 더 나아가서
金融中心 jīnróngzhōngxīn 금융중심
历史悠久 lìshǐyōujiǔ 유구한 역사, 역사가 오래 되다
吸引外资 xīyǐnwàizī 외자를 끌어 들이다, 외자 유인
证券交易所 zhèngquànjiāoyìsuǒ 증권거래소
金融人才 jīnróngréncái 금융인재
优秀 yōuxiù 우수하다, 뛰어나다
理由 lǐyóu 이유, 까닭
总部 zǒngbù 총본부, 총사령부
决策机构 juécèjīgòu 정책기구, 정책 결정 기관
双子楼 shuāngzǐlóu 쌍둥이 빌딩
投入使用 tóurùshǐyòng 사용되다, 사용에 투입되다

阅读一 경제구역(经济区域)

由于自然环境和历史方面的原因，中国各地区的经济发展水平差异很大。如果按照经济发达程度划分，中国可分为东部沿海地区、中部内陆地区和西部边远地区。其中东部包括3个直辖市、8个省，共11个行政区，中部包括6个省，西部包括1个直辖市、6个省、5个自治区，共12个行政区。中国的贫困地区主要在西部。

每个省、自治区面积都很大，省、区内经济发展不均衡情况也很突出。所以，也有人喜欢以中心城市来划分经济区域。他们认为，中国经济最发达地区有3个：以北京为中心的京津冀地区，以上海为中心的长江三角洲地区，以广州为中心的珠江三角洲的区。3个经济圈总人口约占全国的20.6%，面积只占1.1%，GDP占全国的40%，利用外资占全国的85%，进出口额占全国的75%。

词语

由于 yóuyú … 때문에, …로 인하여, …로 말미암아
自然环境 zìránhuánjìng 자연 환경
可分为 kěfēnwéi (…으로) 나눌 수 있다
水平 shuǐpíng 수평, 수준, 수준기
经济圈 jīngjìquān 경제권
差异 chāyì 차이, 다른 점
划分 huàfēn 나누가, 구분하다, 구별하다
沿海地区 yánhǎidìqū 연해 지구, 연해 지역
内陆地区 nèilùdìqū 내륙지역
边远地区 biānyuǎndìqū 먼 국경지대, 중심지로부터 멀리 떨어진 지역
直辖市 zhíxiáshì 직할시
突出 tūchū 돌파하다, 돌출하다, 두드러지다
京津冀 jīngjīnjì 베이징 시, 텐진 시, 허베이성
三角洲 sānjiǎozhōu 삼각주, 삼릉주, 델타
经济圈 jīngjìquān 경제권
额 é 일정한 수량[분량], 금액
经济区域 jīngjìqūyù 경제구역

阅读二 신형 농민(新型农民)

新型农民是有目标的农民，他们应有较高的思想政治素质。几千年来，农民们过的是一种非常低层次的重复性日子。封闭自守，安于现状，恐惧风险，拒绝投资，逐代更替，造成了这个群体的狭隘与短视。而新型农民，他们绝不安贫乐道，而是掌握或熟悉国家的政策、法律法规，有发财致富的理想，有追求自由幸福生活的思想觉悟，有更高的利益诉求，既不迷信，也不盲从；同样，他们也不满足于机械重复的单调生活，而是由较高思想政治素质，敢想敢为。他们敢于创造和追求新的生活，具有鲜明的创业精神、创业意识和新的就业观念，富有事业心，哪怕弃土离乡也义无反顾。

词语

新型 xīnxíng 신형, 신식, 새로운 형식의
目标 mùbiāo 표적, 목표, 목적물
农民 nóngmín 농민(농사일에 종사하는 사람)
素质 sùzhì 자질, 흰 바탕, 밑바탕
应有 yīngyǒu 응당 있어야 할, …이 있어야 한다, …가 있어야 하는
低层次 dīcéngcì 저층, 낮은 등급, 아래층, 하층
重复 chóngfù 중복, 반복, 중복하다
封闭自守 fēngbìzìshǒu 관문을 닫고 외부와 왕래를 끊다
安于现状 ānyúxiànzhuàng 현 상태에 만족하다
恐惧风险 kǒngjùfēngxiǎn 위험을 두려워하다, 위험에 겁먹다
逐代更替 zhúdàigēngtì 대를 이어 교체하다, 대를 이어 바꾸다
狭隘 xiáài 협애하다, 지세의 폭이 좁다, 좁고 한정되다
短视 duǎnshì 근시, 근시안적인, 근시이다
安贫乐道 ānpínlèdào 안빈낙도하다
诉求 sùqiú 주제, 주지, 요구를[주장을] 제기하다
盲从 mángcóng 맹종하다, 무턱대고 따르다, 부화뇌동하다
敢想敢为 gǎnxiǎnggǎnwéi 대담하게 생각하고 과감하게 행동하다
哪怕 nǎpà 설령, 가령, 비록
弃土离乡 qìtǔlíxiāng 땅을 버리고 고향을 떠나다
义无反顾 yìwúfǎngù 정의를 위해 뒤돌아보지 않고 용감하게 나아가다

pattern & drill

◎ 句型与训练

一. 문형연습

句型 1 **相隔** 동 (시간·거리가) 서로 멀리 떨어지다.

• 他们俩相隔了很多年。
* 그들 두 사람은 아주 오래 동안 사이를 두었다.

명 상거(相距), 서로 떨어진 거리.

• 这里和农村相隔不远。
* 이곳과 농촌과의 거리는 멀지 않다.

练习

首尔与此	相隔	数千里。
他家离学校		十公里左右。
他们的目标		太远，不好实现。

句型 2 **几乎** 부 거의, 하마터면. [‘几乎’와 ‘差不多’를 비교하면 ‘几乎’는 형용사 또는 관형사로 쓰지 않는다(我们班 (×几乎)差不多的人他都认识). 그리고 말하는 사람이 일어나기를 바라는 일에는 ‘差不多’를 쓰지 않는다(他托我办的事(×差不多)几乎办不成).]

• 他讲话的声音太小，我们几乎听不见。
* 그의 말소리가 너무 작아 우리들은 거의 들을 수가 없었다.

• 路很滑，我几乎摔倒。
* 길이 너무 미끄러워 나는 하마터면 넘어질 뻔했다.

练习

今天到会的	几乎	有一千人。
不是你提醒我，我		忘了。
不用油,		不成中国菜。

句型 3　乃至 **접** 그 위에, ~까지도, 더 나아가서, 심지어.

• 急性流感，引起了全国乃至全世界的不安。
* 급성 유행성 감기는 전국 더 나아가서는 전 세계의 불안을 불러 일으켰다.

练习

这一切都是我	乃至	我们终生追求的东西。
这些产品销往全国		亚洲的好几个国家。
我们登出的广告在全市		全国都很有名。

句型 4　则 **동** ~하자 ~하다. [두 일이 시간적으로 이어져 진행됨을 나타낸다.]

• 每逢花开，则香气扑鼻。
* 꽃이 필 때마다 향기가 코를 찌른다.

동 ~하면 ~하다. [인과 관계나 조건을 나타낸다.]

• 严冬之日，风吹则冷，日出则暖。
* 몹시 추운 날에 바람이 부면 춥고, 해가 나면 따뜻하다.

동 대비를 나타낸다.

• 那一家赚的多，我店收入则少。
* 그 가게가 많이 벌면 우리가게는 적게 번다.

练习

物体受热	则	膨胀。
若被保险人是精神病人，		契约无效。
韩国媒体		将"北傀"改成"北韩"。

二. **아래의 대화를 중국어로 완성하세요.**

(1) A: 听说韩国离中国的胶东很近。

B: ______________________________

(너무 가까워 주말이면 한국인들이 쟈뚱에 와 골프를 즐깁니다.)

(2) A: 是否很多韩国企业在胶东投资了?

B: ____

(그 곳에 거주하는 한국인이 너무 많아 중국어를 몰라도 괜찮습니다.)

(3) A: 现在不少的中国大城市希望成为国际金融中心。

B: ____

(허다한 도시들 중에서도 상하이와 베이징이 가장 많이 제의를 합니다.)

(4) A: 北京提出的最大理由是,

B: ____

(베이징은 중국의 정치, 경제, 문화의 중심지이기 때문인 것 같습니다.)

三. 본문의 내용에 따라 아래의 질문에 중국어로 대답하세요.

(1) 胶东离韩国近到什么程度?

(2) 最近为什么不少韩国企业离开了胶东?

(3) 上海想成为国际金融中心的理由是什么?

(4) 北京想成为国际金融中心的理由是什么?

Exercise

练习

1. 상자 안에 주어진 단어 혹은 구를 사용하여 다음 문장을 완성하세요.

喜欢	可以	是个	成为	近到

(1) 山东省的东部沿海地区＿＿＿＿＿半岛。

(2) ＿＿＿＿＿韩国人周五晚上坐船过来打高尔夫。

(3) 胶东是韩国人最＿＿＿＿＿投资的地方。

(4) 好几个城市都希望＿＿＿＿＿世界金融中心。

(5) 上海希望成为国际金融中心是＿＿＿＿＿理解的。

2. 주어진 단어들을 문법에 맞게 재배열하여 올바른 문장을 만드세요.

(1) 笑话 | 真的 | 是 | 这些 | 不 | 而是 |

→ ＿＿＿＿＿＿＿＿＿＿＿＿＿＿＿＿＿＿＿＿

(2) 上班 | 周日 | 回去 | 再 | 上班 | 坐船 | 晚上 |

→ ＿＿＿＿＿＿＿＿＿＿＿＿＿＿＿＿＿＿＿＿

(3) 不会说 | 韩国人 | 不用 | 在 | 中国话 | 担心 | 青岛 |

→ ＿＿＿＿＿＿＿＿＿＿＿＿＿＿＿＿＿＿＿＿

(4) 一大批 | 上海 | 人才 | 优秀 | 金融 | 的 | 拥有 |

→ ＿＿＿＿＿＿＿＿＿＿＿＿＿＿＿＿＿＿＿＿

(5) 政治 | 北京 | 经济 | 是 | 中国 | 中心 | 的 | 文化 |

→ ＿＿＿＿＿＿＿＿＿＿＿＿＿＿＿＿＿＿＿＿

3. 아래에 주어진 단어나 구를 사용하여 문장을 만드세요.

(1) 相隔＿＿＿＿＿＿＿＿＿＿＿＿＿＿＿＿＿＿＿＿

(2) 几乎＿＿＿＿＿＿＿＿＿＿＿＿＿＿＿＿＿＿＿＿

(3) 成为＿＿＿＿＿＿＿＿＿＿＿＿＿＿＿＿＿＿＿＿

(4) 乃至＿＿＿＿＿＿＿＿＿＿＿＿＿＿＿＿＿＿＿＿

20 产 业

산업

중국은 엄청난 농업 인구를 가진 농업대국으로서 1차 산업을 아주 중요시 하는 나라이다. 하지만 농업현대화가 아직 형성되지 않은 탓으로 농업에 대한 여유를 느끼지 못하고 있다. 토지정책도 문제가 되는 것 같다. 그리고 취업난도 문제가 되지만 기술인재가 부족한 것이 현재 중국산업의 가장 큰 문제가 되고 있다.

产业: 산업

Dialogue 1 _ 농업

A: 中国好像比较重视第一产业和第二产业。

B: 是的。中国最重视的就是农业和工业。

A: 为什么呢?发达国家都是大力发展第三产业。

B: 国家情况不一样。比如说美国农业人口很少，但生产的粮食很多，是粮食出口大国。中国农业人口很多，粮食够吃，但不富裕。

A: 为什么农业生产效率这么低呢?

B: 原因很多。农业技术是一方面，但更主要的是土地制度。中国实行土地家庭承包制，每个家庭的土地都很少，产业化水平很低。

A: 有什么好办法吗?

B: 已经有些办法。比如国家允许买卖土地使用权。农业公司可以买农民的土地，把农民变成农业工人，这样就能有效地提高农业生产效率。

A: Zhōngguó hǎoxiàng bǐjiào zhòngshì dì yī chǎnyè hé dì èr chǎnyè.

B: Shì de zhōngguó zuì zhòngshì de jiùshì nóngyè hé gōngyè.

A: Wèishénme ne? fādá guójiā dōu shì dàlì fāzhǎn dì sān chǎnyè

B: Guójiā qíngkuàng bù yíyàng. Bǐrú shuō měiguó nóngyè rénkǒu hěn shǎo, dàn shēngchǎn de liángshí hěnduō, shì liángshí chūkǒu dàguó, zhōngguó nóngyè rénkǒu hěnduō, liángshí gòu chī, dàn bú fùyù.

A: Wèishéme nóngyè shēngchǎn xiàolǜ zhème dī ne?

B: Yuányīn hěnduō, nóngyè jìshù shì yī fāngmiàn, dàn gèng zhǔyào de shì tǔdì zhìdù. Zhōngguó shíxíng tǔdì jiātíng chéngbāo zhì, měi gè jiātíng de tǔdì dōu hěn shǎo, chǎnyè huà shuǐpíng hěn dī.

A: Yǒu shén me hǎo bànfǎ ma?

B: Yǐjīng yǒuxiē bànfǎ. Bǐrú guójiā yǔnxǔ mǎimài tǔdì shǐyòng quán. Nóngyè gōngsī kěyǐ mǎi nóngmín de tǔdì, bǎ nóngmín biàn chéng nóngyè gōngrén, zhèyàng jiù néng yǒuxiào de tígāo nóngyè shēngchǎn xiàolǜ.

Dialogue 2 _ 산업 인재

A: 常常听到人们说招工难，但同时人们又在说就业难，这是怎么回事?

B: 这是两个不同的问题。就业难不用说了。招工难是说公司招不到想要的人。

A: 公司想要什么样的人呢?或者说，现在最缺什么样的人呢?

B: 技术工人，特别是技师，也就是你们说的高级蓝领(blue collar)。

A: 为什么会缺技术工人呢?不是有很多年轻人在找工作吗?

B: 他们大部分只能做简单工作. 这可能跟中国人的观念有关系。中国传统上看不起从事体力劳动的人，家长都希望孩子上大学，坐办公室，不愿意让孩子干体力活。中国的高校也不太重视这方面的培养，大学生的动手能力比较差。

A: 是不是工人的工资低啊?

B: 过去是这样。现在情况不同了，很多蓝领的工资已经超过白领，所以现在也有不少人愿意学习技术工作。

A: Chángcháng tīng dào rénmen shuō zhāogōng nán, dàn tóngshí rénmen yòu zài shuō jiùyè nán, zhè shì zěnme huí shì?

B: Zhè shì liǎng gè bùtóng de wèntí jiùyè nàn búyòng shuōle zhāogōng nán shì shuō gōngsī zhāo bù dào xiǎng yào de rén.

A: Gōngsī xiǎng yào shénme yàng de rén ne? huòzhě shuō, xiànzài zuì quē shénme yàng de rén ne?

B: Jìshù gōngrén, tèbié shì jìshī, yě jiùshì nǐmen shuō de gāojí lánlǐng (lánlǐng).

A: Wèishénme huì quē jìshù gōngrén ne bùshì yǒu hěnduō niánqīng rén zài zhǎo gōngzuò ma?

B: Tāmen dà bùfen zhǐ néng zuò jiǎndān gōngzuò. Zhè kěnéng gēn zhōngguó rén de guānniàn yǒu guānxì. Zhōngguó chuántǒng shàng kànbùqǐ cóng shì tǐlì láodòng de rén, jiāzhǎng dōu xīwàng háizi shàng dàxué, zuò bàngōngshì, bú yuànyì ràng háizi gān tǐlì huó. Zhōngguó de gāoxiào yě bú tài zhòngshì zhè fāngmiàn de péiyǎng, dàxuéshēng de dòngshǒu nénglì bǐjiào chà.

A: Shì bushì gōngrén de gōngzī dī a?

B: Guòqù shì zhèyàng. Xiànzài qíngkuàng bùtóngle, hěnduō lánlǐng de gōngzī yǐjīng chāoguò báilǐng, suǒyǐ xiànzài yěyǒu bù shǎo rén yuànyì xuéxí jìshù gōngzuò.

生词 New Words

大力发展 dàlìfāzhǎn 강력하게 발전시키다, 힘껏 확대시키다
粮食 liángshí 양식, 실량, 곡물
生产效率 shēngchǎnxiàolǜ 생산 효율
土地制度 tǔdìzhìdù 토지 제도
家庭 jiātíng 가정
承包制 chéngbāozhì 도급제, 청부제
水平 shuǐpíng 수평, 수준, 수준기
产业化 chǎnyèhuà 산업화
实行 shíxíng 실행하다
使用权 shǐyòngquán 사용권
招工 zhāogōng 일꾼을 모집하다
就业难 jiùyènán 취업난
想要 xiǎngyào …하려고 하다, …하고 싶다, 원하다
缺 quē 모자라다, 옛날, 관직의 공석
技师 jìshī 기사, 기술자, 고급기술원에 상당하는 기사의 총칭
蓝领 lánlǐng 블루칼라, 육체노동자, 노동자
观念 guānniàn 관념, 생각, 의식
看不起 kànbuqǐ 경멸하다, 깔보다, 업신여기다
体力劳动 tǐlìláodòng 육체노동
动手能力 dòngshǒunénglì 착수 능력, 행동 능력
工资 gōngzī 임금, 노임, 급여
白领 báilǐng 정신노동자, 화이트 컬러, 화이트칼라
愿意 yuànyì 희망하다, …하기를 바라다, 동의하다
第一产业 dìyīchǎnyè 1차 산업
第二产业 dìèrchǎnyè 2차 산업
第三产业 dìsānchǎnyè 3차 산업

阅读一 신형산업(新型产业)

新型产业是新技术产业化形成的产业。新技术一开始，属于一种知识形态，在发展过程中其成果逐步产业化，最后形成一种产业。比如说生物工程技术在五六十年代或者说在更早的时候，它只是一项技术，那么成为生物工程产业，让这些成果服务于社会。在美国，生物工程产业被誉为一个非常有前景的新兴产业。同样，IT产业，由于数字技术的发展，也被认为是一个新的朝阳行业。

用高新技术改造传统产业形成新产业。比如说，几百年前，当时用蒸汽机技术改造手工纺机，形成纺织行业，使得整个纺织行业产生了飞速发展。纺织行业相对来讲，就是新兴产业新技术改造传统行业，比如改造钢铁行业，就成了新材料产业，生产复合材料以及抗酸、抗碱、耐磨、柔韧性好的新兴材料。同样，用新技术改造传统的商业变成物流产业。这些产业改造的核心，使经济效益比传统产业有较大幅度的提高。

词语

生物工程 shēngwùgōngchéng 생물공학, 유전자 공학, 생체공학
被誉为 bèiyùwéi 찬양을 받게 되다, 칭찬을 받게 되다
有前景 yǒuqiánjǐng 전망이 있다, 장래가 있다
新兴产业 xīnxīngchǎnyè 신형 산업, 신식 산업
朝阳行业 cháoyánghángyè 유망 산업, 전망이 있는 산업
蒸汽机 zhēngqìjī 증기 기관, 스팀 엔진
纺机 fǎngjī 방직기계
使得 shǐdé (의도·계획·사물 따위가) …한 결과를 낳다, …하게 하다
复合材料 fùhécáiliào 복합재료, 결합자재
抗酸 kàngsuān 항 산
抗碱 kàngjiǎn 항 알칼리
耐磨 nàimó 마모에 견디다, 내마모성이 있다
柔韧性 róurènxìng 부드러우면서도 강인한 성격
新型 xīnxíng 새로운 형식의, 신형, 신식
形成 xíngchéng 형성하다, 이루다, 구성하다

阅读二 태양 에너지(太阳能)

太阳能一般指太阳光的辐射能量。太阳能的主要利用形式有太阳能的光热转换、光电转换以及光化学转换三种主要方式。广义上的太阳能是地球上许多能量的来源，如风能，化学能，水的势能等由太阳能导致或转化成的能量形式。利用太阳能的方法主要有：太阳能电池，通过光电转换把太阳光中包含的能量转化为电能；太阳能热水器，利用太阳光的热量加热水，并利用热水发电等。太阳能清洁环保，无任何污染，利用价值高，太阳能更没有能源短缺这一说法，其种种优点决定了其在能源更替中的不可取代的地位。

词语

辐射 fúshè 방사, 복사, 복사하다
能量 néngliàng 용량, 수용력, 에너지
光热转换 guāngrèzhuǎnhuàn 광열 전환, 광열 변환
广义上 guǎngyìshàng 광의에서, 일반적으로
势能 shìnéng [물리]위치 에너지, 대항 에너지
导致 dǎozhì 야기하다, 초래하다
电池 diànchí 전지, 밧데리
包含 bāohán 포함하다, 참다, 함유하다
热水器 rèshuǐqì 온수기
清洁 qīngjié 청결하다, 깨끗하다
环保 huánbǎo 환경보호
任何 rènhé 어떠한, 무엇, 어느
短缺 duǎnquē 결핍, 부족, 결핍하다
更替 gēngtì 바꾸다, 교체하다
不可取代 bùkěqǔdài 대치할 수가 없다, 대치해서는 안 된다
太阳能 tàiyángnéng 태양 에너지
指 zhǐ 지적하다, 가리키다, 지시하다, 지도하다
种种 zhǒngzhǒng 갖가지, 여러 가지, 각종
地位 dìwèi 위치, 지위, 차지한 자리

pattern & drill

句型与训练

一. 문형연습

句型 1 **允许** 동 윤허하다, 허가하다, 응낙하다. ['许可'보다 구어적이다.]

- 决不允许扰害社会治安。
* 사회 치안에 해를 끼치는 일은 절대 허용하지 않겠다.

练习

国家	允许	外国资本的流入。
这是国家财产，决不		任何人毁坏它。
本公司		外国人到这里参观访问。

句型 2 **大力** 부 힘껏, 강력하게. ['大力'와 '尽力'를 비교할 때 최대한도에 도달함을 나타낼 때는 '大力'를 쓰지 않고 '尽力'를 쓴다(你能喝酒，就(×大力)尽力喝吧).]

- 大力发展工业，福利人民。
* 공업을 대대적으로 발전시켜 국민의 복리를 증진시키다.

练习

工商银行	大力	发展网上银行业务。
房地产业		发展专业化的管理。
人类必须		保护自然环境。

句型 3 **看不起** 구어 경멸하다, 깔보다, 업신여기다.

- 这人眼高过顶，老看不起人。
* 이 사람은 눈이 지나치게 높아 늘 남을 멸시한다.

(돈이 없어) 보지 못하다.

- 音乐会的票价太贵，我看不起。
* 음악회의 표가 너무 비싸 나는 볼 수 없다.

练习

他有一个谁都	看不起	的坏习惯。
现在在上海谁都不敢		我们公司。
大公司常常		一些小公司。

句型 4 **想要** ~하려고 하다, ~하고 싶다, 원하다. ['想要'는 한 단어가 아니다. 예를 들면 '你想要走不想要?'라고 쓸 수 없으며,'你想要走不想?'이라고 해야 한다.]

• 我想要定做一套衣服。
* 나는 옷을 한 벌 맞추려고 한다.

练习

他的意图很明显，是	想要	买那本书。
她嚅动着嘴唇,		说什么。
这才是我们		的国际化人才。

二. 아래의 대화를 중국어로 완성하세요.

(1) A: 中国好像比较重视第一、第二产业。
B: ______________________
(중국에는 농업인구가 가장 많음에도 식량은 아직 넉넉하지 않습니다.)

(2) A: 农业生产效率为什么会这么低呢?
B: ______________________
(나라의 토지제도 때문에 산업화가 잘 이루어지지 않고 있습니다.)

(3) A: 常常听到人们说招工难,
B: ______________________
(일꾼 모집이 어렵다는 것은 필요한 인재를 찾기가 어렵다는 것입니다.)

(4) A: 中国传统上看不起体力劳动者，对吗?
B: ______________________
(모든 부모들은 자녀가 대학을 졸업하면 사무직 취업을 원합니다.)

三. **본문의 내용에 따라 아래의 질문에 중국어로 대답하세요.**

(1) 中国和美国的农业有什么不同?

(2) 国家对土地使用权有什么新政策?

(3) 如今中国急需什么样的人才?

(4) 如今中国工人的工资怎么样?

练习

1. 상자 안에 주어진 단어 혹은 구를 사용하여 다음 문장을 완성하세요.

很多 | 好像 | 也就是 | 常常 | 大力

(1) 中国________比较重视第一产业和第二产业。

(2) 现在发达国家都是________发展第三产业。

(3) 中国农业人口________，粮食够吃，但不富裕。

(4) ________听到人们说招工难，这是怎么回事?

(5) 技术工人，特别是技师，________我们说的高级蓝领。

2. 주어진 단어들을 문법에 맞게 재배열하여 올바른 문장을 만드세요.

(1) 还是 | 制度 | 最 | 土地 | 的 | 原因 | 主要 |

→ ________________

(2) 买卖 | 现在 | 使用权 | 允许 | 土地 | 国家 |

→ ________________

(3) 招不到 | 招工难 | 想要 | 是 | 的 | 公司 | 人 |

→ ________________

(4) 高校 | 培养 | 中国 | 不太 | 也 | 这方面 | 重视 | 的 |

→ ________________

(5) 愿意 | 现在 | 工作 | 也有 | 技术 | 学习 | 不少人 |

→ ________________

3. 아래에 주어진 단어나 구를 사용하여 문장을 만드세요.

(1) 想要________________

(2) 看不起________________

(3) 愿意________________

(4) 观念________________

부록

1. Dialogue (본문 대화) 해석

(Lesson 1)

商务会见 (비즈니스의 만남)

Dialogue 1 _ 첫 만남

A: 먼저 제가 회의에 참석하신 저희 회사 분들을 소개해 드리겠습니다. 이분은 우리 회사의 천강 사장이시고, 저분은 영업부 장과장입니다.

B: 천사장님, 장과장님 안녕하십니까! 저는 조종근이고, 이분은 제 비서인 김란양입니다. 만나뵙게 되어서 대단히 기쁩니다.

A: 반갑습니다. 여러분을 만나 뵙게 되어서 매우 기쁩니다. 제 명함입니다. (앞으로) 많은 지도편달을 부탁드립니다.

B: 천만에요, 제 명함입니다. 앞으로 저도 또한 많은 지도편달을 부탁드립니다.

A: 오늘 날씨가 정말로 좋습니다. 어제까지만 해도 비가 내렸는데 두 분께서 저희들에게 이렇게 화창한 날씨를 가져다 주셔서 감사합니다.

B: 그렇습니까? 너무 좋습니다. 우리가 인연이 있어 그렇지 않을 까요? 아마 앞으로 합작이 분명히 순조로울 것 같습니다.

A: 그렇게 되기를 희망합니다. 조회장님, 바로 시작하겠습니다. 일정에 따르면 오늘은 첫 미팅인데 협의해야 할 내용들이 많습니다.

B: 그렇습니다. 구체적인 합작방안과 판매대리 등의 문제들을 잘 협의해야 할 것 같습니다.

Dialogue 2 _ 연회에서

A: 방문단을 인솔하여 상하이에 오시어, 저희 회사를 방문하여 주신 것을 환영합니다.

B: 저희들을 초청하시어, 중국과 상하이에 와서 매일 발전하고 변화하는 중국의 모습을 직접 체험하고 느낄 수 있도록 해주신데 대해 진심으로 감사드립니다.

A: 별 말씀을요, 상하이에 계시는 동안 유쾌히 보내시기를 바랍니다. 그리고 어제 잘 쉬셨는지요?

B: 너무 좋았습니다. 저희들이 상하이에 도착한 이후 사장님 직원 여러분의 열정적이고 세심한 보살핌 속에 마침 제집에 온 것처럼 느껴졌습니다.

A: 그러하시다면 정말 좋습니다. 자리로 옮기시지요. 먼 곳에서 모처럼 오신 두 분에게 식사를 대접하겠습니다.

B: 천사장님께서 매우 바쁘신 가운데도 저희들에게 연회를 베풀어 주시어 큰 영광입니다.

A: 아닙니다. 손님을 환대하는 것이 중국인들의 전통입니다. 자, 잔을 들고 우리의 우정과 합작을 위해 건배합시다!

B: 우리들의 무역합작이 순조롭게 잘 이루어질 것을 미리 축하하기 위해서도 건배합시다!

(Lesson 2)

商务考察 (비즈니스 시찰)

Dialogue 1 _ 시장조사

A: 어제 신문에 게재된 보도를 보니, 한 유명한 부동산개발업체가 솔선해서 가격할인을 시작한다고 합니다.

B: 그래요? 이것은 좋은 징조이며, 중국의 부동산거품이 이미 꺼지기 시작했음을 설명한다고 생각합니다.

A: 그런데 이와 함께 신문에는 다른 개발업체가 매물가격을 인상한 소식도 게재했습니다.

B: 맞습니다. 지금의 시장(상황)에 대해 (무어라고) 말하기가 아직은 어렵습니다. 중국 사람들은 모두 돈을 가지고 관망하고 있습니다.

A: 맞습니다. 듣자하니 요즘 (중국)정부에서 새로운 부동산 정책을 내놓으려 하는데, 예를 들면 한 가구당 1주택을 허용한다는 것 등입니다.

B: 부동산 투기꾼의 투기를 막기 위해 정부가 그냥 가만히 보고만 있지 않을 것입니다.

A: 저는 중국부동산이 그래도 하락할 여지가 있다고 생각합니다. 상해는 국제 대도시여서, 만약 우리가 시기를 잘 선택한다면 당연히 기회가 있다고 할 것입니다.

B: 저도 동의합니다. 내일 차례차례 매물을 가보고, 여기 판매 상황에 대한 현장방문을 제안합니다.

A: 맞습니다. 보도 자료를 수집하여, 기술적 분석을 한 후, 저희 의견을 제시하겠습니다.

Dialogue 2 _ 공업단지에서

A: 저희들에게 쑤저우 공업단지의 외국인 투자 상황에 대해 설명해 주실 수 있겠습니까?

B: 물론입니다. 쑤저우 공업단지에는 주로 첨단기술회사들이 투자를 했습니다. 그중에는 세계 500대 기업들이 138개 프로젝트를 단지 내에 투자했고, 1억 불이 넘는 투자프로젝트가 18개가 있습니다.

A: 외국기업의 단지 내 투자에 대해 조세상 어떤 특혜정책이 있습니까?

B: 구체적인 특혜정책이 아주 많습니다. 그중에서 첨단기술회사는 15%의 기업소득세와 3% 지방세 감면 혜택을 받을 수 있다는 점을 들 수 있습니다.

A: 듣고 보니 아주 매력적이네요. 그 외에 전체 투자환경에서 또 다른 점이 있습니까?

B: 단지 내 투자환경은 제일 좋다고 할 수 있습니다. 가장 중요한 것은 단지 내에 세계 일류 통관시설이 설치되어, 진정한 의미에서 “단 한 번의 신고, 심사, 통행”을 실현했습니다.

A: 그러한 점들이 아주 중요하죠. 설명해 주신데 대해 정말로 감사드립니다.

(Lesson 3)

旅行购物 (쇼핑여행)

Dialogue 1 _ 가격흥정

A: 사장님, 저 옷의 가격은 얼마인가요?

B: 이 옷 말씀하시는 거죠? 300원입니다.

A: 너무 비쌉니다. 좀 싸게 해 줄 수는 없을까요?

B: 얼마면 되겠습니까?

A: 150원.

B: 안됩니다. 250원에 들여 온 물건입니다. 원하시면 250원에 원가로 드리겠습니다. 친구로 사귑시다.

A: 사장님, 됐습니다. 20원을 더 드릴 테니 한 푼이라도 더 올리면 사지 않겠습니다.

B: 200원. 나는 더 이상 흥정 안하겠습니다. 정말로 더 싸게 해 드릴 수 없습니다. 그렇지 않으면 다른 상점에 가보세요. 이것이 가장 싼 가격입니다.

A: 그렇게 합시다. 새것으로 주세요.

B: 걱정 마세요. 이것들은 모두 금방 들여온 물건입니다.

A: 만약 품질에 어떤 문제가 있으면, 다시 찾아 와도 되겠습니까?

B: 절대로 문제가 되지 않습니다. 언제든지 오세요!

Dialogue 2 _ 거리구경

A: 여기는 이 도시에서 가장 유명한 쇼핑거리인데 저녁에도 사람들이 아주 많습니다.

B: 상점들은 저녁 몇 시까지 문을 엽니까?

A: 큰 상점들은 10시, 작은 상점들은 더 늦게까지 문을 엽니다.

B: 저는 내일 상하이로 돌아가야 합니다. 친구들에게 줄 기념품을 좀 사려고 하는데 무엇을 사야 좋을지 잘 모르겠습니다.

A: 중국 친구인가요? 아니면 한국 친구인가요?

B: 저의 한국 친구들에게 줄 것입니다.

A: 그려면 당연히 현지 특산품이 가장 좋지요.

B: 상하이에는 어떤 특산품이 있나요?

A: 매우 많죠. 예를 들면 실크제품들과 각종 차가 아주 유명합니다.

B: 맞아요, 여러 가지 풍경이 그려져 있는 어떤 실크스카프를 보았는데, 참 예뻤습니다.

A: 그건 그린 것이 아니고, 앞면에 짜넣은 것입니다. 실크는 진귀하면서 또 가벼워 기념품으로는 아주 적합합니다.

B: 좋아요, 그럼 실크스카프를 사겠습니다.

(Lesson 4)

网上购物 (인터넷 쇼핑)

Dialogue 1 _ 인터넷 주문

A: 장과장님, 회사에서 물건을 구매할 때 보통 어떤 웹 사이트를 사용합니까?

B: 아리바바 웹사이트가 비교적 좋습니다. 우리들은 모두 줄곧 그 사이트를 통해 물건을 구매합니다.

A: 그 웹 사이트가 어떤 뛰어난 점이 있는지 소개해 주실 수 있습니까?

B: 세계적으로 선도적인 인터넷 무역시장으로서 아리바바는 전 세계에 수십 개 업종의 정보를 제공하고, 취급하는 상품의 종류만 해도 거의 천개가 됩니다.

A: 좀 더 구체적으로 주요한 상품종류에 대한 설명을 해 주실 수 있습니까?

B: 좋습니다. 기계, 전자정보, 화공, 가구, 의류와 복장, 식품 등을 포함하고 있어, 고객들은 아주 편리하게 필요한 상품정보를 검색할 수 있습니다.

A: 웹 사이트에서 가격 문의와 협상도 가능한가요?

B: 물론이죠. 검색창에서 모든 정보들의 우측에 다양한 가격문의 방식을 제공하고 있습니다. 예를 들면 "온라인 협상", "핸드폰 온라인", "대화창

내 메모” 등 “연결방식”을 직접 클릭하여 회사에 관련된 연락정보도 얻을 수 있습니다.

A: 장과장님, 감사합니다. 저희들은 지금 바로 주문하고 싶네요.

Dialogue 2 _ 인터넷 뱅킹

A: 김 회계사님, 현재 중국에서는 보통 어떤 종류의 인터넷뱅킹 방식을 사용하고 있는지요?

B: 시스템에 사용하는 상이한 지불수단에 따라서, 대개 “전자신용카드”와 “전자수표” 등 두 종류로 나뉩니다.

A: 이 두 가지 지불방식은 각각 어떤 특징을 가지고 있는지요?

B: 신용카드는 늘 보는 은행카드의 한 종류로서 다양한 경우에 사용이 가능합니다. 그 특징은 카드당 하나의 계좌가 개설되어 있고, 대금의 최종 지불은 계좌이체로 이루어집니다. 구매를 할 때, “선 구매, 후 지불” 방법이 시행되기 때문에 신용카드의 계좌는 후불제로 처리됩니다.

A: 그럼 전자수표는요?

B: 전자수표는 인터넷 뱅킹에서 늘 사용하는 전자지불수단의 한 종류입니다. 그 특징은 (대금의) 지불이 직접 계좌에서 이루어지며, 계좌에서의 처리는 바로 (대금이) 지불되는 것을 의미함으로 일종의 직불 방식입니다.

A: 그러면 귀 회사는 보통 어떤 지불방식을 사용하는지요?

B: 저희 회사는 보통 전자수표 방식을 사용합니다. 그러나 개인들은 보통 전자신용카드 방식을 사용합니다.

(Lesson 5)

饮食 (음식)

Dialogue 1 _ 중국요리

A: 오늘 음식점에 사람들이 정말 많네요. 뭘 드실래요?

B: 중국에 금방 막 도착해서 무엇을 먹어야 할지 잘 모르겠네요. 중국요리에 대해 좀 알려 주시겠습니까?

A: 그럼요. 중국은 각 지방마다 요리기법이 달라 자신의 특징을 갖고 있습니다. 사람들은 이러한 특징에 따라 요리를 체계별로 구분합니다.

B: 그래요? 그렇게 복잡하네요. 자세하게 저한테 좀 소개해 주실 수 있습니까?

A: 그러죠. 청나라 때에 중국요리는 북경요리, 장쑤요리와 광뚱요리로 나누었습니다. 중화민국시대에 들어와 촨, 루, 쑤, 웨 4대 요리체계가 형성되었습니다. 그 이후 또 민, 저, 썅, 휘 4개 요리체계가 나타나면서 사람들이 늘 말하는 "8대 요리체계"가 형성된 것입니다.

B: 그럼 이러한 요리체계들은 각기 자신의 특징을 갖고 있겠죠?

A: 물론입니다. 이 8개 요리체계 중 가장 영향력이 있는 요리는 촨차이, 썅차이, 루차이와 웨차이 4가지입니다. 촨차이와 썅차이는 매운편이고, 루차이는 전형적인 북방요리로서 해산물을 주 원료로 하기 때문에 좀 비싸며, 웨차이는 기법을 중요시 하는데다 산해진미를 주요 원료로 하기 때문에 웨차이 음식점들을 거의 고급음식점들입니다.

B: 감사합니다. 이러한 중국요리들을 꼭 맛을 봐야 하겠네요.

Dialogue 2 _ 외국요리

A: 제가 여기서 일본요리와 한국음식점들을 적지 않게 보았는데 중국인들도 외국요리를 좋아하나요?

B: 아주 좋아합니다. 일본요리와 한국요리를 가장 좋아하는데 서양요리를 좋아하는 사람들도 있습니다.

A: 일본과 한국이 중국과 문화적으로 인접해 있고 음식습관도 별 차이가 없

기 때문이 아닌가요?

B: 이것도 주요 원인이 될 수 있습니다. 일본요리와 한국요리는 중국 남방요리와 거의 비슷하고 담백합니다. 지금 사람들은 다 살이 찌는 것을 두려워 담백한 음식을 좋아 합니다. 그 외 문화적 측면의 원인도 있습니다. 애들은 어릴 때부터 일본의 애니메이션영화를 즐겨보고 커서 한국의 드라마를 늘 보기 때문에 젊은이들이 일본요리와 한국요리를 먹는 것은 일종의 시대적인 흐름이기도 합니다.

A: 그런데 일본요리와 한국요리들은 다 비싸지 않습니까?

B: 괜찮습니다. 일본요리는 좀 비싸지만, 한국요리는 그렇지 않습니다. 왜냐하면 많은 한국음식점들은 중국의 조선족들이 운영하고 그 가격도 비교적 일반인에 맞추었기 때문입니다. 사람들은 또한 매일 음식점에 가서 식사하는 것도 아니고, 돈이 없을 때에는 가지 않습니다.

A: 일리가 있습니다. 사실 태국요리도 아주 맛있는데, 아쉽게도 여기에는 없네요.

B: 그러면 나중에 당신이 여기에서 태국음식점 개설하시죠, 분명히 환영을 받을 것입니다.

(Lesson 6)

住宿 (숙박)

Dialogue 1 _ 방 예약

A: 안녕하세요, 쉐라톤 호텔인가요?

B: 안녕하세요, 쉐라톤 호텔입니다. 무엇을 도와드릴까요?

A: 방을 예약하려고 하는데 지금 방이 있는지 모르겠습니다.

B: 어떤 방을 원하십니까? 저희 호텔에는 일반룸과 스위트룸, 그리고 고급스위트룸이 있는데 환경이 아주 좋습니다.

A: 스위트룸과 스탠다드룸이 각각 하나씩 필요한데 이 방들은 각각 얼마나 하나요?

B: 스위트룸은 일박에 800위안이고 스탠다드룸은 일박에 500위안입니다. 예약금은 받지 않습니다.

A: 방값에 조찬이 포함되나요?

B: 그렇습니다. 매일 아침 7시에서 9시까지 무료로 뷔페를 제공합니다. 그리고 호텔에는 8개의 레스토랑과 바에서 풍격이 다른 맛좋은 음식을 손님들께서 선택하실 수 있습니다.

A: 너무 좋네요. 저희들은 3일간 묵을 예정인데 몇 시에 체크아웃이 가능한가요?

B: 매일 오후 2시까지입니다. 본인의 성명과 전화번호를 남겨주시겠습니까?

A: 좋습니다.

Dialogue 2 _ 객실 서비스

A: 안녕하세요. 카운터인가요? 호텔의 서비스에 대해 좀 알아보려고 합니다.

B: 안녕하세요. 여기는 카운터입니다. 저희 호텔에는 무료 Wifi과 수영장, 헬스장, 비즈니스센터, 세탁 등의 서비스 시설이 있습니다. 만약 이를 이용하시려면 각 층의 종업원과 문의하시면 됩니다.

A: 여기 Wifi번호를 좀 알려주실 수 있습니까?

B: 방마다 서비스 안내수첩이 비치되어 있고, 거기에 숙박 주의사항과 Wifi 번호가 자세히 기재되어 있사오니 참고하여 주시기 바랍니다.

A: 알겠습니다. 그리고 제가 내일 아침 일찍 체크아웃을 하고 공항으로 가야하는데 어디서 차를 타는 것이 편리한지 모르겠습니다.

B: 아침 7시 30분에 호텔에서 공항까지 가는 무료 버스를 사용할 수 있습니다. 만약 체크 아웃이 너무 이르면 택시를 탈 수 밖에 없습니다. 호텔입구에 택시 이용이 아주 편리하고 공항까지 백원이면 됩니다.

A: 저는 내일아침 7시에 체크아웃할 수 있어 호텔 버스를 이용할 수 있을 것 같습니다. 감사합니다.

B: 아닙니다. 저희 호텔에 다시 오시기를 부탁드리겠습니다.

(Lesson 7)

租房 (셋집)

Dialogue 1 _ 집세 맞기

A: 여보세요. 안녕하십니까! 부동산입니까?

B: 네. 쫑위앤 부동산 왕사장입니다. 누구세요?

A: 저는 한국에서 온 조종근이라고 하는데 비즈니스를 하러 상하이에 왔습니다. 집을 얻으려합니다.

B: 어떤 집을 원하시는지요? 여기에는 단층집, 아파트, 그리고 단독주택이 있는데 가격이 다 다릅니다.

A: 저는 1년간 아파트를 얻으려 합니다. 방은 그렇게 크지 않아도 되고, 침실 2개에 거실 하나면 됩니다. 7~8층이면 가장 좋은데 월세는 얼마나 하는지요?

B: 도시 중심지역은 좀 비싼 편이고, 시외에 이런 조건을 가진 70㎡ 정도의 아파트는 월 2,000위안입니다.

A: 저는 시외에 있는 아파트로 하겠습니다. 선금이 필요한가요?

B: 월세는 선금이 필요하지 않습니다. 내일 함께 집을 보러 가는 것이 어떻겠습니까?

A: 좋습니다. 왕사장님 감사합니다.

Dialogue 2 _ 이웃들

A: 장 선생님, 여기를 곧 떠나신다면서요?

B: 네, 아저씨. 제가 새 집을 샀는데 여기에서 20㎞ 정도 떨어져 있습니다.

A: 축하해요. 하지만 정말로 보내고 싶지 않네요.

B: 저도 가고 싶지 않습니다. 그런데 아시는 것처럼 저희 집 식구가 4명인데 방이 두 개뿐입니다. 친척이나 친구가 오면 묵을 곳이 없어 마치 그 분들이 (저희 집에) 머무르는 것을 제가 거절하는 것처럼 오해합니다. 사실은

정말 묵을 곳이 없습니다. 그리고 늘 세집에 살 수도 없고, 제 집이 있어야 합니다.

A: 방은 좀 작은 것 같네요. 이웃들이 다 떠나고 나면 말할 사람을 찾을 수 없겠네요. 나도 떠나야 할 것 같아요. 친한 이웃을 떠나보내는 것이 정말로 섭섭하네요.

B: 아니에요. 아저씨. 제가 자주 뵈러 오겠습니다. 또 저는 아저씨께서 손수 만드신 한국 삼계탕이 먹고 싶습니다.

A: 나도 오래는 있을 것 같지 않아요. 일 년 월세 계약이 거의 만기가 되서 나도 귀국해야 합니다.

B: 정말요? 아저씨께서 떠나시면 저희는 한국에 가야만 만날 수 있는 것 맞죠?

A: 그렇지 않아요. 내가 자주 상하이에 올 겁니다.

(Lesson 8)

旅行 (여행)

Dialogue 1 _ 기차여행

A: 기차역에 사람 정말 많네요. 평상시에는 이렇게 사람이 많지 않았는데요.

B: 내일은 중국의 국경일이라 학생들이 다 방학을 했습니다. 그 외에 많은 사람들도 여행을 떠나고 있습니다. 특히 기차여행은 아주 재미있어요.

A: 알겠습니다. 저희들도 기차여행하려고 역에 나온 거 아닙니까. 그런데 저 중국인들은 왜 저렇게 조급해 하면서, 뛰어다니나요?

B: 그들이 구입한 티켓은 보통권입니다. 늦게 도착하면, 짐을 놓을 자리가 없습니다. 우리가 구입한 티켓은 침대석이어서 조급해 할 필요가 없습니다.

A: 침대석은 뭐가 특별합니까? 그냥 잠만을 잘 수 있을 것 아닌가요?

B: 사람이 적습니다. 똑 같은 객실이라도 침대석 객실의 사람 수는 보통객실의 반밖에 되지 않아 당연히 물건이 적습니다. 그리고 침대석 객실은 관리가 엄격하고 티켓이 없는 사람은 탈 수가 없어 사람마다 짐을 놓을 수 있도록 보장이 됩니다.

A: 그럼 왜 모든 객실을 침대석 객실로 바꾸지 않는가요?

B: 당신은 모든 중국인들이 다 부자인줄 아시나 봐요? 그리고 얼마나 많은 객실을 늘려야 충분할까요?

Dialogue 2 _ 도시여행

A: 오늘 저희는 어디로 관광 가나요?

B: 아직 생각해 보지 않았습니다. 따리엔이 좋다고 하던데, 해변의 경치가 아주 아름답다 합니다.

A: 그런데 저희는 오늘 장거리 여행준비를 하지 않았는데요. 저는 자전거로 도시여행을 하는 것이 어떠하신지 제의하고 싶습니다.

B: 좋습니다. 좋은 생각입니다. 이 도시에 오고 나서 처음으로 거리 구경을 하니 참 좋습니다.

A: 보세요. 거리에서 이렇게 많은 사람들이 한꺼번에 자전거를 타니까 정말로 재미있습니다.

B: 그러게요. 중국은 정말로 자전거 대국이라고 할만 하네요.

A: 여기서 쭉 앞으로 가면 바로 똥팡밍주입니다. 그 근처에 박물관이 있는데 거기에 가 보는 게 어때요?

B: 박물관에는 나중에 다시 갑시다. 저는 이미 배가 고픕니다. 상하이에는 유명한 요리가 아주 많다고 하던데 한번 먹어보러 가지 않을래요?

A: 앞에 골목하나 있는데 그 골목의 웨차이가 아주 유명합니다. 외국 대통령도 그 곳에서 식사를 하셨다고 하던데요.

B: 웨차이는 아주 비싸고, 게다가 웨차이에는 뱀이나 개 등과 같은 무슨 동물이 들어가 있다고 하던데요.

A: 누가 그래요. 없습니다. 웨차이에는 확실히 뱀 요리는 있어도, 개 요리는 없습니다.

(Lesson 9)

学习汉语 (중국어 공부)

Dialogue 1 _ 표준어

A: 중국은 각 지역마다 말투가 다 다르다고 하던데 그럼 베이징 말이 보통화(普通話)인가요?

B: 다 그런 것은 아닙니다. 베이징 말도 역시 지역 언어로서 방언입니다. 보통화는 중국의 표준 언어로서 양자는 구별이 됩니다. 예를 들면 표준말과 베이징 말은 발음은 거의 비슷하나 어떤 점에서는 다릅니다.

A: 어떤 점이 다릅니까? 좀 더 구체적으로 설명해 주시겠습니까?

B: 예를 들면 베이징 말에는 얼화음이 아주 많은데, 보통화에는 얼화음이 적습니다.

A: 맞아요. 마침 알고 싶었는데 어떤 때에 얼화음을 사용하고 어떤 때에 사용하지 않는지요?

B: 보통명사에 얼화음을 사용합니다. 즉 그렇게 중요하지 않는 사물, 혹은 친절하고 가벼운 어기(語氣)를 표현할 때 베이징 말은 늘 얼화음을 사용합니다. 예를 들면 "시아오 런"을 "시아오럴"이라고 말할 수 있지만, "따런"을 "따럴"이라고 말할 수 없습니다. 엄마의 자매는 "이얼"이라 말할 수 있지만, 엄마와 나이 비슷한 사람은 "아이"라고만 부를 수 있습니다.

A: 참으로 번거롭네요. 말하기 전에 매번 이렇게 많은 것을 기억해야 하니 너무 어렵습니다.

B: 그럼 베이징 말을 배우지 말고 보통화를 배우면 됩니다.

Dialogue 2 _ 비즈니스 중국어

A: 중국의 개방에 따라 중국에서 무역이나, 투자, 회사를 설립하는 외국인들이 점점 많아지고 있습니다.

B: 그러네요. 이렇게 되면 중국어를 공부하는 외국인들이 점점 많아갈 뿐만 아니라 비즈니스 중국어를 공부하는 사람들도 뚜렷하게 늘어가네요.

A: 그러면 비즈니스 중국어와 보통 중국어는 어떤 점이 다르나요?

B: 비즈니스 중국어 개념의 출현된 것은 그리 오래되지 않습니다. 20세기 80년대 말 대외경제무역대학 등 학교들에서 경제무역 중국어 과정이 개설되었는데, 그 목적은 외국인들에게 중국에서의 무역을 돕기 위해서였습니다. 그리고 나중에 상황이 발전함에 따라 경제무역 중국어가 비즈니스 중국어로 변하였습니다.

A: 지금 비즈니스 중국어가 어떤 내용들을 포함하고 있는지 알고 싶습니다.

B: 가장 기본이 되는 비즈니스 중국어는 식사, 투숙, 여행, 물건을 구입할 때의 언어들입니다. 당신이 노점에서 노점상과 가격을 흥정하는 것은 사장들과 회의실에서 비즈니스 협상을 하는 것과 대동소이합니다.

A: 노점상과 가격을 흥정하는 것과 정상적인 비스니스 협상은 분명히 구분되겠지요?

B: 10위안을 절약하려 하는 것과 그 사람이 100만을 절약하려는 것은 당연히 구분됩니다. 만약 협상 내용을 100만 위안으로 바뀐다면, 아마 더 많은 것들을 배워야 할 것입니다. 예를 들면 경제, 금융, 법률 등 관련 지식들을 배워야만 합니다.

(Lesson 10)

休闲 (여가)

Dialogue 1 _ 여가 방식

A: 한국에서는 주말만 되면 사람들은 여가를 즐깁니다.

B: 아시아 사람들이나 유럽 사람들이나 발달한 나라 사람들은 거의 모두 다 그렇다고 알고 있습니다. 따라서 대부분 사람들이 일찍 휴가를 떠나기 때문에 여름방학기간에는 대학을 방문하지 않는 것이 가장 좋습니다.

A: 그런데 중국인들은 휴식을 하지 않고 주말에도 일하며 잔업까지 하는데 이해가 가지 않습니다.

B: 당신들은 여가를 보낼 때 무엇을 하시는지요?

A: 각자가 다 다릅니다. 어떤 사람들은 해변으로 여행을 가고 어떤 사람들은 운동경기를 구경하고, 어떤 사람들은 오페라를 듣습니다. 여름철 가장 무더울 때에 많은 사람들은 그늘이 져 서늘한 곳으로 캠핑을 갑니다.

B: 당신들이 해변에 갔을 때 장사하는 분들이 있습니까? 예를 들면 음식점, 식당, 바 등, 이러한 곳들이 문을 엽니까?

A: 당연히 장사하는 분들이 계시죠. 하지만 종업원은 그렇게 많지 않습니다.

B: 운동선수들과 배우들은 휴식을 할 수 없겠죠?

A: 당신의 말씀을 알겠습니다. 이런 분들은 다른 때에 휴식을 하겠죠.

B: 맞습니다.

Dialogue 2 _ 여가와 일

A: 여가와 휴식이 같을 까요?

B: 당연히 구별되죠, 여가는 휴식이 아니고 단지 노는 것도 아닙니다.

A: 그럼 당신은 어떤 것이 여가라고 생각하십니까?

B: 여가는 당신이 하고 싶은 일을 하는 것이므로 새로운 부를 가져다주지는 않습니다.

A: 여가와 일하는 것도 다르겠지요?

B: 그렇습니다. 여가와 일은 두 가지로 구분됩니다. 즉 하나는 즐거움을 위한 것이고, 하나는 재산을 위한 것입니다. 또 하나는 자유롭고 하나는 엄격한 제약을 받아야 한다는 것입니다. 중국에서 사람들은 항상 여가와 일의 관계에 대해 논쟁을 합니다.

A: 왜 논쟁을 할까요?

B: 어떤 사람들은 여가는 일을 더 잘하기 위한 것이며, 어떤 사람들은 일하는 것은 여가를 더 잘 즐기기 위해서라고 말합니다.

A: 당신은 어느 것이 더 정확한 답이라고 생각하십니까?

B: 중국의 전통문화는 농경문화로서 농민들이 토지를 사용하는 방식은 서로 교대로 쉬게 하는 것(休耕)입니다. 겨울에 쉬고 봄에 경작하거나, 혹은 봄에 쉬고 가을에 경작하는 것입니다. 만약 어떤 토지를 휴경 없이 계속 경작한다면, 그 토지의 생산량은 줄어들 것입니다. 따라서 쉬는 것은 장기

간 경작을 하고, 더 많은 수확을 위한 것입니다.

A: 이러고 보면 저희는 열심히 돈을 벌어, 열심히 써야 하겠네요.

B: 정말 똑똑하십니다. 바로 이런 원리입니다.

(Lesson 11)

节假日 (휴일)

Dialogue 1 _ 전통명절

A: 중국에는 어떤 전통명절이 있나요?

B: 중국의 명절은 현대명절과 전통명절 두 가지로 나뉩니다.

A: 무엇이 현대 명절인가요?

B: 현대명절이란 바로 중국이 새로 건립된 이후 정부에서 제정한 명절인데, 예를 들면 어린이 날, 부녀의 날, 노동절, 국경절 등으로 수는 많지 않습니다.

A: 그럼 전통명절은요?

B: 전통명절은 아주 많아 거의 달마다 명절이 있습니다. 게다가 민족마다, 지역마다의 명절이 아주 많습니다. 어떤 명절들은 보존이 되어 전국적인 명절로 자리매김 되었는데, 예를 들면 구정, 청명, 단오절, 추석 등입니다. 기타 민간 명절은 민족에 따라 자기의 관습으로 명절을 쉽니다.

A: 전통명절 중에서도 가장 중요한 명절은 어떤 명절인가요?

B: 음력으로 정월초하루 구정입니다. 사람들은 구정을 쇠는 것을 '꿔니앤'이라고 합니다. 구정은 휴일이 가장 길고 가장 번화합니다. 한국의 전통명절도 저희들이랑 똑 같은가요?

A: 거의 비슷합니다. 한국에서도 정월 초하루가 가장 큰 전통명절입니다. 그리고 추석도 가장 중요한 명절의 하나입니다.

Dialogue 2 _ 긴 연휴

A: 저기. 혹시 "황금주"가 무엇인지 아시나요?

B: "황금주"는 바로 긴 연휴 아닌가요?

A: "황금주"라는 표현은 일본에서 가장 먼저 나타났습니다. 일본에서는 4월 말 5월 초의 몇 개 명절을 함께 연결해 긴 연휴를 만드는 것을 사람들은 "황금주"라고 했습니다.

B: 그럼 중국에도 "황금주"가 있나요?

A: 1999년 아시아 금융위기가 발생한 2년 뒤에 경제 발전과 소비 진작을 위해 중국정부는 일본의 방법을 본따기로 결정하고 5월 1일 노동절, 10월 1일 국경절과 구정을 3일간 휴일로 규정하고, 다시 2개의 이틀 휴일을 합치면 매번 모두 연속해서 7일간의 휴일이 가능하게 됩니다. 이렇게 한 해에 3개의 "황금주"가 있게 되었습니다.

B: 이렇게도 많네요. 사람들은 다 이 "황금주"를 좋아하죠?

A: 그렇습니다. 일반노동자들의 환영을 많이 받고 있으며, 정부의 가장 좋은 정책의 하나로 인정되고 있습니다. 사람들의 휴일기간이 길어지면서 자신이 자유롭게 자신이 쓸 수 있는 시간이 많아졌고, 생활내용도 훨씬 더 풍부해졌습니다.

B: 사회적인 불편도 나타나지 않을 가요?

A: 그렇습니다. 비록 황금주는 "휴일경제" 또는 "여가 경제"를 가져오지만, 교통문제를 야기하여, 마지막에 노동절 황금주는 취소됐습니다.

(Lesson 12)

商务礼仪 (비즈니스 예의)

Dialogue 1 _ 전통명절

A: 제가 보기에 중국인들은 연회석 상에서 좌석배치를 아주 중요시 하는 것 같습니다.

B: 연회뿐만 아니라 공식석상에서는 모두 중요시 합니다.

A: 저는 어떻게 앉아야 하는지, 어디에 앉아야 하는지 잘 모르겠습니다.

B: 걱정할 것 없습니다. 공식적인 연회석 상에는 이름이 부착되어 있어 그냥 그대로 앉으면 됩니다.

A: 만약 (이름이) 부착되어 있지 않다면 마음대로 앉아도 되나요?

B: 안됩니다. 첫째 주인을 배석자(수행자)라고 하는데 입구가 보이는 곳에 자리합니다. 중요한 손님일수록 주인과 가깝습니다. 가장 중요한 손님을 주빈이라고 하고, 주인의 좌측에 앉으며 두 번째로 중요한 손님은 주인의 오른쪽에 앉습니다. 그리고 주인의 맞은편에는 본 연회를 맡은 사람으로서 보통 계산을 합니다. 주인과 손님은 서로 얼마간 떨어져 자리하는 게 가장 좋은데, 상담의 편의를 위해서입니다.

A: 알겠습니다. 그럼 언제부터 자리에 앉을 수 있나요?

B: 주인과 주빈이 자리에 앉은 후가 가장 좋은데, 보통 주인이 기타 연회참석자들에게 자리에 앉으라고 말합니다.

A: 이러한 예의는 한국과 대동소이하다고 생각합니다.

B: 아마 유교문화의 영향인 것 같습니다.

Dialogue 2 _ 예의의 서양화

A: 저는 중국에서 공식적인 자리일수록 서양예의가 더 많아지는 것을 발견했는데 왜 그렇죠?

B: 그렇습니다. 가장 유감스러운 것은 20세기 60년대의 "문화 대혁명"을 거치고 나서 기존의 기본적인 예의가 모두 사라졌다는 것입니다.

A: 연회석에서나 비즈니스 협상 중에서나 할 것 없이 유럽식 예의를 볼 수 있는데 가장 기본적인 안부를 묻는 말인 "짜오샹 하오", "완샹 하오" 역시 외국어를 직접 번역한 것입니다. 그러기 때문에 외국인들이 중국에서 예의를 모른다고 걱정할 필요가 없습니다.

B: 더욱 걱정되는 것은 중국의 학교들에서 개설하는 예의관련 과정들은 모두 서양예의를 강의하는데, 심지어 어떻게 포크를 사용하고 어떻게 음식을 씹는지 등 강의 내용이 아주 상세합니다. 일부 교사들이 중국예의에

대해 강의하려고 생각하지만 첫째는 무엇을 강의해야 할지, 또 다른 하나는 듣는 사람이 없다는 것입니다. 애들은 어릴 때부터 중국예의가 무엇인지 잘 모릅니다.

A: 그렇다면 중국의 전통예의는 모두 서양화 되었나요?

B: 그렇다고 말할 수 있습니다. 2003년 중국에 "중증급성호흡기증후군"이 발생했을 때 많은 사람들은 '중국의 두 손을 모아잡고 하는 인사가 서양의 악수보다 더 안전하다는 것'을 문득 발견했습니다. 하지만 "중증급성호흡기증후군"이 사라지자 사람들은 다시 악수인사로 바꾸었습니다.

(Lesson 13)

生活礼仪 (생활 예의)

Dialogue 1 _ 예식장에서

A: 저희 친구가 내일 결혼을 하면서 그녀의 결혼식에 제가 참석하기를 희망하고 있습니다. 어떤 준비를 해야 하는지요?

B: 아주 가까운 친구인가요 아니면 그냥 친구인가요?

A: 아주 가까운 친구인데 오래 동안 함께 한 회사 동료입니다.

B: 우선 붉은색 봉투를 준비하고 그 속에 얼마간의 돈을 넣어야 합니다.

A: 그건 별 문제가 되지 않습니다. 저도 성의를 표시하려고 생각하고 있습니다.

B: 정장차림, 즉 양복차림을 하고 넥타이를 매는 것이 가장 좋습니다.

A: 중국식 결혼식은 시간이 많이 걸리나요? 오후에 또 다른 일이 있어서요.

B: 시간은 아주 길게 저녁까지 지속됩니다. 하지만 당신이 또 다른 일이 있으시다면 먼저 가셔도 됩니다. 본격적인 결혼식은 보통 오전에 진행이 되어 점심식사가 끝나면 대부분 사람들은 다 돌아갑니다. 단지 일부 친척과 친구들만 저녁까지 남아 신혼부부의 방에 몰려가 놀이를 합니다.

A: 신혼부부의 방에가 놀이라니 무슨 말인가요?

B: "똥황"은 바로 신혼부부의 방인데, 친한 친구들이 그 방에 모여 신랑, 신부에게 연기를 하게 하는 것입니다. 고정된 격식은 없고 나름대로 즐겁게

노는 것입니다.

Dialogue 2 _ 예의의 변화

A: 제가 보기에 일본인과 한국인들이 중국사람들 보다 더 예의를 중요시 하는 것 같네요.

B: 다들 그렇게 얘기 합니다. TV에서 보면 이 두 나라 사람들은 다 예의에 대해 아주 중요시 하는 것 같습니다. 하지만 저는 어떤 예의는 중국 고대의 예의와 비슷하다고 봅니다. 아마도 중국 고대의 예의는 더 많을 것입니다.

A: 왜 지금은 볼 수 없을 까요?

B: 원인은 아주 복잡합니다. 우선 우리가 말하는 중국의 예의의 중요한 것은 사실은 한족 관청의 예의들입니다. 이러한 예의가 만주족이 집권할 때에 거의 만주족의 예의로 바뀌었습니다. 중화민국 시기에 모두 만주족의 예의를 사용하기 원하지 않았지만 다시 한족의 예의로 회복하는 것도 불가능했습니다. 그 다음으로 중국의 허다한 지역은 서양의 예의로 바꾸어 쓰고 있었습니다.

A: 무엇 때문인가요?

B: 주로 장기적인 전쟁 때문입니다. 중국은 서방국가들에 정복되어 사람들은 전통예의에 대한 확신을 잃어 서양 예의를 배우는 것을 일종 시대적인 흐름으로 여겼습니다. 정치가들과 학자들이 모두 서양예의를 사용하니 백성들은 당연히 따라 하는 것이죠.

A: 금후 다시 회복 가능할 가요?

B: 불가능 합니다. 그럴 필요도 없습니다. 그러나 중국은 확실히 예의의 문제에 대해 진지하게 연구를 해야 할 것 같습니다.

(Lesson 14)

访问 (방문)

Dialogue 1 _ 회사방문

A: 조회장님, 어떤 복장에 관심이 있으신지요?

B: 여기에 있는 모든 것에 관심이 있습니다. 지금 중국의 복장 변화는 아주 많은데 특히 원단 변화가 아주 빠릅니다.

A: 맞습니다. 중국의 실크제품들은 세계 각지에서 잘 팔립니다. 과거 사람들은 순면, 순 실크, 순마, 순모들을 좋아했습니다. 첨단기술 발전과 더불어 새로운 원단들이 점점 많아지고 있습니다.

B: 그럼 요즘 사람들은 일반적으로 어떤 원단을 선호하고 있습니까?

A: 요즘 가장 유행되고 있는 것은 혼합섬유들인데, 예를 들면 혼합모직, 혼합 마, 화학섬유 모방실크 등입니다. 이러한 새로운 원단들은 감촉이 좋고 입으면 상쾌합니다.

B: 이 세트 여름의류는 무슨 원단인가요?

A: 아주 얇은 혼합울인데 가볍고, 얇고, 유연하며, 윤기가 돌아 실크의 특징을 갖고 있습니다.

B: 아주 예쁩니다. 당신들의 이러한 생산라인은 국산인가요?

A: 아닙니다. 수입품인데 저희들은 세계일류의 전용설비를 도입했습니다.

B: 기술자들은 어디서 양성하시는지요?

A: 유럽 몇 나라와 일본 등의 국가에서 단기훈련을 하고 본사에서도 훈련합니다.

Dialogue 2 _ 오랜 친구만나기

A: 진 회장님, 만나 뵙게 되어서 기쁩니다.

B: 저희 회사에 방문하신 것을 환영합니다. 저희 회사에 대한 인상은 어떠하신지요?

A: 아주 좋습니다. 저희들은 일부러 공장까지 둘러봤습니다. 저희들은 회장

님께서 또 다른 원대한 목표를 가지고 계시는 느낌을 받았습니다.

B: 솔직히 말씀 드리면, 이러한 생각을 갖고 있으나 자금에 조금 문제가 있는 것이 아쉽습니다. 만약 당신들께서 오셔서 투자하고 합작을 하신다면 우리는 더욱 빨리 발전할 것입니다. 앞으로 몇 년 이내에 국내에서 가장 큰 관련제품생산 회사가 될 수 있을 것이라고 저희들은 확신합니다.

A: 중국내의 경쟁도 아주 심하다고 들었습니다.

B: 현재는 그 무엇을 해도 다 경쟁해야 합니다. 하지만 저희는 핵심 기술을 가지고 있어 이것이 바로 저희들의 핵심 경쟁력이라 할 수 있습니다.

A: 당신들 제품의 국외 판로는 어떻습니까?

B: 현재는 40%의 제품을 수출하지만 내연부터는 더 확대하여 50%를 희망하고 있습니다.

A: 이처럼 발전하면 수출지향적인 국제적인 기업이 되는 것은 물론이겠지요?

B: 바로 그렇습니다. 국제화가 바로 저희들의 목표입니다.

(Lesson 15)

经济(一) (경제 1)

Dialogue 1 _ 경제와 GDP

A: 제가 보기에는 중국은 아주 부유한데 왜 당신들은 늘 발전도상국이라고 합니까?

B: 과거의 중국에 비해 당연히 발전하였습니다. 그러나 선진국에 비해 아직도 격차가 큽니다.

A: 격차는 분명히 있습니다. 하지만 그렇게 크지는 않은 것 같은데요?

B: 격차는 아주 큽니다. 당신은 어떤 곳을 가 보셨는지요?

A: 상하이, 베이징, 청두 그리고 관광 명소들입니다.

B: 당신이 다녀온 곳들은 다 중국에서 가장 부유한 곳들인데, 중국 서부에 가보시면 알게 될 것입니다.

A: 그런데 지금 중국의 일인당 GDP는 낮은 편이 아닙니다.

B: 그렇습니다. 비록 개혁개방 초기에 비해 적지 않게 높아졌습니다만, 아직 선진국 행렬에 들어가지 못했습니다.

A: 그러면 개혁개방 이전의 중국경제는 어떠했는지요?

B: 그때 중국의 일인당 GDP는 400불밖에 되지 않아, 그때 목표는 20년간 일인당 소득 800불에 도달하는 것이었습니다. 그런데 30여년이 지난 오늘 중국의 일인당 GDP는 이미 5,000천불에 도달했습니다만, 초보적으로 기본적인 체계와 내용을 갖추었다고 할 수 밖에 없습니다.

Dialogue 2 _ 대외 무역

A: 이전에 제가 일부 도시에서 수출의류를 전문적으로 판매하는 무역점들이 드문드문 남아 있는 것을 보았는데 왜 그런가요?

B: 과거에 그런 것들은 중국소비자들이 가고파했던 곳입니다. 많은 사람들의 마음속에 외국무역은 단지 수출이고, 수입과는 관계가 없이 몇몇 사람들만이 수입품을 살 수 있었습니다.

A: 똑 같은 국산품인데 그들은 왜 그렇게 수출품을 선호할까요?

B: 사람들이 국내전매수출상품의 구입에 열중하는 것은, 그 제품들은 외국인들을 위해 전문적으로 가공되었기 때문에 질이 좋고 가격도 비싸지 않기 때문입니다. 그러기 때문에 무역회사도 마찬가지로 수입보다 수출에 더욱 더 관심을 가지게 되었습니다.

A: 그럼 21세기에 들어선 후 사람들의 소비성향은 아직도 과거와 같은가요?

B: 완전히 달라졌습니다. 21세기에 진입한 후, 국가의 대외무역부서는 "상무부"로, 대외무역은 "국제무역"으로 바뀌었습니다. 사람들의 시야도 더욱 넓어 졌고 대외무역에 대한 이해도 깊어졌습니다.

A: 더 구체적으로 말씀해 주시겠습니까?

B: 사람들의 가치관과 생활의 변화는 일본의 가전부터 독일의 자동차, 그리고 미국의 애플폰까지 중국의 백성들은 '단지 못 본 것일 뿐, 사용 못해 본 것은 없다'라고 자랑스럽게 말할 수 있습니다.

(Lesson 16)

经济(二) (경제 2)

Dialogue 1 _ 정책과 시장

A: 중앙정부에서는 늘 이런저런 정책들을 발포하는데 당신의 보기에는 좋은 것입니까?

B: 말하기 어렵습니다. 때로는 아주 좋고 때로는 그다지 좋지 않습니다.

A: 어떤 때 좋았습니까?

B: 시장에 심각한 문제가 발생했을 때입니다. 정책은 만능이 아니지만 시장도 만능이 아닙니다. 특히 국제무역을 하면서 국내시장은 늘 국제시장의 영향을 받기 때문에 정부에서 정책을 제정하여 이러한 영향을 감소시키는 것이 필요합니다.

A: 그러면 어떤 때가 좋지 않았습니까?

B: 시장이 스스로 문제를 해결할 수 있을 때에는 당연히 시장자체에서 해결해야 하죠. 예를 들면 정부가 가격을 통일적(획일적)으로 관리를 하면 별로 좋지 않습니다. 한 정책이 제정되려면 몇 개월이 걸리는데 시장의 변화는 더 빠릅니다.

A: 정책을 제정하는 것 역시 아주 번거로운 일인데, 왜 어떤 정책부서에서는 그런 일 하기를 그렇게 즐기는지요?

B: 아마 그들은 자신이 다른 사람들 보다 더 똑똑하다고 느껴져 그런 것 같습니다. 다시 말하면 정부기관 공무원들이 너무 많고, 그들도 일이 있어 (뭔가를) 해야 합니다.

Dialogue 2 _ 경제와 성격

A: 요즘 많은 외국인들은 모두 중국인들은 뭘 하든지 다 조급해하고 인내성이 없다고 말합니다.

B: 저도 그들의 말에 일리가 있다고 생각합니다. 여기에는 문화적인 문제도

있지만 경제적인 문제가 더 중요합니다.

A: 그것은 무슨 이유일까요?

B: 30년 전에 외국인들이 중국에 오면 중국인들은 일처리 하는 것이 느리고, 걸음걸이가 늘이고, 말하는 것도 느리고, 일하는 것마저도 느리다는 것이 일반적인 견해였습니다. 20년 전에 한국인들은 뭘 하든지 다 매우 급하고 항상 빨리 하라고 요구했는데 지금의 중국과 비슷합니다. 물론 한국인들은 규정을 잘 지키는데, 이는 문화적인 문제입니다.

A: 현재 중국인들은 왜 이렇게 조급할까요?

B: 중국인들은 부유해지기를 원합니다. 하지만 중국에는 선진기술이 부족하여 더 많은 돈을 벌려면 더 많은 시간과 노동에 의존해야 합니다. 외국인들이 여가를 즐길 때 중국인들은 일을 해야 합니다. 오래 동안 긴장하면서 일을 하다 보면 사람들은 인내심을 잃게 됩니다.

A: 잘 알겠습니다. 사람들의 마음은 주로 경제와 관련이 되네요.

B: 문화도 아주 중요합니다. 우리는 마땅히 좋은 전통을 더 잘 계승하고, 많이 책을 읽고 공부해야 비로소 심리적으로 인내심을 조금 더 가질 수 있게 될 것입니다.

(Lesson 17)

政策(정책)

Dialogue 1 _ 경제정책

A: 저는 경제정책은 다 중요하다고 봅니다. 하지만 이렇게 많은 정책들을 누가 기억할 수 있겠습니까?

B: 그것은 확실히 문제입니다. 과거 정부에서는 가전제품의 AS를 1년으로 규정하였으나 나중에는 3년으로 바꾸었습니다. 하지만 가전제품을 생산하는 외국기업들은 이런 정책을 모르고 있어 소비자들의 불만을 야기 시켰습니다.

A: 맞습니다. 외국인들은 중국어를 잘하지 못해 중국인들 보다 정책을 이해

하는데 더 어렵습니다.

B: 사실은 그렇게 어렵지 않습니다. 중요한 외교와 관련된 경제정책들은 모두 외국어로 번역이 되어 있습니다. 큰 회사들은 이런 일들을 맡아 처리하는 전문가를 가질 수 있으며, 작은 회사들은 법률가의 자문을 받을 수 있습니다. 물론 중요한 사안들은 그래도 본인들이 아시는 것이 훨씬 더 좋습니다.

A: 맞습니다. 아무도 모든 일마다 전문가와 법률고문들을 찾을 수 없습니다.

B: 중국에는 다른 나라에 가면 그 곳의 풍속을 따라야 한다는 말이 있습니다. 중국에서 발전(성공)하려면 당연히 중국정책을 알아야 합니다. 마찬가지로 중국회사가 외국에 투자하면 역시 현지의 정책을 알아야 합니다.

A: 말씀에 일리가 있습니다. 아, 사업하는 게 정말로 번거롭네요.

B: 사업하는 것이 번거로워도, 돈을 쓸 때에는 번거롭지 않습니다.

Dialogue 2 _ 대외 경제정책

A: 일부 외국상인들의 말에 따르면 중국의 대외 경제정책이 달라져 예전보다 못하다고 하는데 그렇습니까?

B: 저는 단순히 예전보다 못하다고 말하면 틀린다고 생각합니다. 구체적인 상황을 봐야 합니다.

A: 예를 들면 현재 진입허락을 할 수 있는 문턱이 예전보다 높아졌다는 것입니다.

B: 그렇습니다. 저는 중국의 오염정도를 보시면 아주 쉽게 이해하실 것이라고 생각합니다. 그리고 어떤 제품들은 기술적 요구가 낮고 생산량만 너무 커 외국투자자들이 돈을 벌 수 없고 경쟁압력만 높이고 있습니다.

A: 듣자니 외국기업들의 세수를 높여야 한다고 합니다.

B: 높이는 것이 아니고, 세수에서 외국기업에게 점차적으로 국민 대우를 하는 것입니다. 이전에 외국기업들이 내는 세금은 중국기업보다 낮고, 심지어 세금을 내지 않아 매우 공평하지 않았습니다. 지금은 점차적으로 조정하여 마지막으로 모두 똑같은 세금을 내게 하는 것입니다.

A: 잘 알겠습니다. 그런데 이것이 현재 중국이 돈을 많이 가지고 있는 것과

관계가 있지 않을가요?

B: 물론 이 방면의 원인도 있습니다. 그러나 중국은 아직도 자금이 부족하고, 특히 기술과 첨단기술이 부족한 나라이기 때문에 반드시 투자를 유치해야 합니다.

(Lesson 18)

地理(一) (지리 1)

Dialogue 1 _ 행정구역

A: 중국은 대국인데 행정구역을 어떻게 나누는지 모르겠습니다.

B: 중국은 960만㎢의 토지에 4개의 직할시, 23개성, 5개 자치구와 2개의 특별 행정구역으로 모두 34개의 행정구역으로 나뉩니다.

A: 이러한 행정구역사이들에는 등급도 다르겠지요?

B: 쉽게 말하면 중국의 행정구역은 3계급으로 나눕니다. 성, 자치구, 직할시는 1급 행정구역이고, 현, 시는 2급, 향, 진은 3급입니다.

A: 그럼 도시들은 크기도하고 작기도 한데, 등급을 어떻게 나눕니까?

B: 실제 상황은 좀 복잡합니다. 예를 들면 똑 같은 도시래도 부성급 도시, 지역급 도시, 또한 현급 도시가 있습니다. 그들의 행정권, 입법권과 재정권 모두가 다릅니다.

A: 그 외 중국의 2개의 특별행정구역들은 무엇을 의미합니까?

B: 바로 홍콩(시앙강)과 마카오(아오멘)입니다. 그들에 대해서는 “1국 2체제”제도를 시행하는데 즉 내륙과 다른 정치제도입니다.

A: 그들은 어떤 권력을 향유하고 있는지요?

B: 그들은 높은 자치권, 독립적인 행정권, 입법, 사법체계에다 자기들의 화폐가 있고 중앙정부에 납세도 하지 않습니다. 외교와 국가안보 문제에 대한 책임을 가지지 않는 것을 제외하고 국가와 유사한 각 방면의 권리를 갖고 있습니다.

Dialogue 2 _ 인구와 면적

A: 늘 중국은 인구가 가장 많은 나라라고 하는데 도대체 중국의 인구는 얼마인가요?

B: 2000년에 12.9억이었는데 현재는 얼마인지 잘 모르겠습니다. 국가(정부)에서 마침 조사 중인데 대개 14억에 근접할 것입니다.

A: 이렇게도 많네요, 하지만 중국은 국토면적이 커서 별 문제는 없겠습니다.

B: 별 문제 없다니요, 만약 수량만 보면 별 문제없는 것처럼 보입니다. 중국은 ㎢당 평균 130명이고, 동부의 인구밀집지역은 ㎢당 400명으로 일본과 유럽보다 적습니다. 하지만 질적으로 보면 문제가 큽니다.

A: "질"이란 무엇을 보는 거죠?

B: 하나는 인구의 질입니다. 중국에는 고등교육을 받은 사람들이 너무 적고, 특히 시골은 인구증가가 빠르고 교육정도가 낮으며, 미래 사회에 적응하기 매우 어렵습니다. 그 다음 하나는 자원의 질입니다. 중국은 토지 면적이 너무 적은데다가 아주 많은 토지들은 일시적으로 사용할 수 없고, 인구당 자원도 매우 적습니다.

A: 일본과 유럽도 문제가 많습니다. 특히 일본은 인구고령화문제가 아주 심각합니다.

B: 그래서 인구 구성이 가장 중요하다고 말할 수 있는 것입니다.

(Lesson 19)

地理(二) (지리 2)

Dialogue 1 _ 한국과 쟈뚱

A: "찌아오똥"은 한국과 아주 가까이에 있다고 하던데, 맞습니까?

B: 산동성 동쪽연해 지역은 반도여서 사람들은 이를 "찌아오똥" 반도라고 부릅니다. 그 곳은 한국과 너무 가까워 한국인들이 금요일 저녁이면 배를 타고 건너와 골프를 치고 일요일 저녁이면 다시 배를 타고 돌아가 출

근한다고 합니다. 이는 우스게 소리가 아니고 사실입니다.

A: 서로 이렇게 가까운데 경제적 왕래는 없는지요?

B: 한국인들은 "찌아오똥"에 와서 골프도 하지만 "찌아오똥"에 투자하는 것을 더 좋아합니다. 옌타이, 웨이하이, 칭따오 등의 도시들은 한국인들이 가장 투자하기를 좋아하는 곳인데 특히 칭따오는 한국인들의 두 번째 고향으로 거의 변했습니다.

A: 많은 한국기업들이 그 곳에 투자를 했나요?

B: 2007년 칭따오의 한국기업은 4,000개로서 종업원 숫자만 해도 44만 명이고 칭따오에 장기 거주하는 한국인만 해도 10만 명입니다. 따라서 한국인들은 칭따오에서 중국어를 할 줄 몰라도 걱정할 필요 없습니다.

A: 그런데 2008년 이후 노동력 원가(근로자 임금)가 높아지면서 일부 규모가 작은 한국기업들은 "찌아오똥"을 떠났습니다.

B: 맞습니다. 하지만 대기업인 삼성, 현대, LG, SK 등과 같은 다국적 기업들은 "찌아오똥"에서 뿌리를 내리고 자신의 시장까지 가지고 있습니다.

Dialogue 2 _ 금융중심

A: 지금 중국의 여러 도시들이 중국 내지 세계의 금융센터가 되려고 한다고 하던데 사실인가요?

B: 맞습니다. 홍콩을 제외하고 썬전, 선양, 티앤진 등이 모두 이러한 희망을 드러내고 있습니다. 그러나 가장 많이 언급하고 있는 곳은 역시 상하이와 베이징입니다.

A: 과거 중화민국시대 상하이는 중국의 금융 중심이고 유구한 역사를 가지고 있기 때문에 상하이가 국제금융 중심이 되려고 하는 것은 이해가 됩니다.

B: 맞습니다. 상하이는 현재 외자도입을 가장 많이 한 도시로서 은행을 제외하여도 증권거래소, 황금거래소, 외화거래센터 등 금융기구가 상하이에 자리하고 있을 뿐만 아니라 많은 금융인재들까지 보유하고 있습니다.

A: 그러면 베이징의 이유는 어떤 것들이 있을까요?

B: 베이징은 베이징이 중국의 경제중심이고 국내의 거의 모든 은행, 보험회

사의 본부가 베이징에 있으며, 외자은행도 적지 않다고 생각하고 있습니다. 그 외에 금융정책기구들이 모두 베이징에 있습니다.

A: 그럼 국제금융센터에 가장희망을 두고 있는 이 두 개의 도시들은 어떠한 준비를 하고 있을 가요?

B: 이 두 개의 도시들은 모두 "환구 금융센터"라는 빌딩을 지었습니다. 베이징은 미국인을 초빙해 22층 쌍둥이 빌딩을 디자인 해 2009년부터 사용한다고 합니다. 상하이는 일본인을 초빙해 세계에서 3위인 101층 건물을 디자인해 2008년부터 사용한다고 합니다.

(Lesson 20)

产业 (산업)

Dialogue 1 _ 농업

A: 중국은 제1차 산업과 제2차 산업을 더 중요시 하는 것처럼 보입니다.

B: 맞습니다. 중국이 가장 중요시 하는 것이 바로 농업과 공업입니다.

A: 왜 그렇죠? 선진국들은 모두 제3차 산업을 대대적으로 발전시키고 있는데요.

B: 나라마다 상황이 다르겠지요. 예를 들면 미국은 농업 인구가 아주 적지만 생산량이 아주 많아 식량 수출국입니다. 중국은 농업인구가 아주 많아도 식량이 부족하지는 않아도 부유하지는 않습니다.

A: 왜 농업생산효율성이 이렇게도 낮을까요?

B: 원인은 많습니다. 농업기술문제는 한 측면이고 더욱 중요한 것은 토지 제도입니다. 중국이 가족토지도급제도를 시행하면서 가족마다 가지고 있는 토지가 적어 산업화 수준이 매우 낮습니다.

A: 별 다른 좋은 방법이 없을까요?

B: 이미 몇 개의 (좋은) 방법이 있습니다. 예를 들면 국가(정부)가 토지사용권 매매를 허락한 것입니다. 농업회사는 농민들의 토지를 사들일 수 있고, 농민들을 농업노동자로 변함으로서 효율적으로 농업의 생산효율을

효율적으로 제고하는 것입니다.

Dialogue 2 _ 산업인재

A: 근로자들을 모집하는 것이 어렵다고 사람들이 말하는 것을 늘 들었는데, 이와 동시에 취업이 어렵다고도 얘기를 합니다. 어떻게 된 영문일까요?

B: 이것은 두 가지 별개의 문제입니다. 취업난은 더 말할 것도 없고, 근로자를 모집하기 어렵다는 것은 회사가 필요한 사람을 찾기가 어렵다는 것입니다.

A: 회사가 어떤 사람을 요구하는지? 혹은 지금 어떤 인재가 가장 모자라는지요?

B: 기술자인데 특히 기사들로서 바로 당신들이 늘 얘기하는 고급 블루칼라들입니다.

A: 많은 젊은이들이 마침 일자리를 찾고 있는데 왜 기술자가 모자란다고 하지요?

B: 그들의 대부분은 간단노동만 할 줄 알아 이는 아마 중국인들의 관념과 관계가 있는 것 같습니다. 중국은 전통적으로 육체노동에 종사하는 사람들을 경멸하기 때문에 부모님들은 자식들이 대학을 나와 사무실에서 일하고, 육체노동 하는 것을 원하지 않습니다. 중국의 고등학교들도 이 방면에서의 인재양성을 그다지 중요시 하지 않기 때문에 대학생들의 행동능력이 많이 부족합니다.

A: 근로자들의 급여가 적어서 그렇지 않을까요?

B: 과거에는 그랬습니다. 지금은 상황이 달라져서, 허다한 블루칼라들의 급여가 화이트칼라를 능가합니다. 따라서 지금 적지 않은 사람들은 기술일 배우는 것을 원합니다.

2. 모범답안

제1과

(연습)

1. (1) 还是 (2) 这么 (3) 按照 (4) 感受 (5) 过得

2. (1) 谢谢你们给我们带来了好天气。
   (2) 我们得好好儿谈一谈具体的合作方案。
   (3) 感谢您的同事给予了我们热情的照顾。
   (4) 热情好客是我们中国的传统。
   (5) 陈总百忙中设宴款待我们。

제2과

(연습)

1. (1) 率先 (2) 开始 (3) 拥有 (4) 能否 (5) 设有

2. (1) 最近国家要出台新的房管政策。
   (2) 我认为上海房地产还有降价空间。
   (3) 我们要实地考察一下这里的销售情况。
   (4) 这个消息听起来很诱人。
   (5) 外商在上海投资有何优惠政策?

제3과

(연습)

1. (1) 再 (2) 便宜 (3) 发现 (4) 一条 (5) 一点

2. (1) 那件衣服能不能再便宜一点?
   (2) 如果你不信，可以到别的商店看看。
   (3) 那当然买一些当地的特产最好。

(4) 我想买一点纪念品送给首尔的朋友。

(5) 商业街的这些商店晚上几点关门?

제4과

(연습)

1. (1) 使用 (2) 一直 (3) 主要 (4) 支付 (5) 通过
2. (1) 提供了全球范围内的几十个行业的信息。

(2) 用户可以很方便地查找需要的商品信息。

(3) 在网上可以询价与洽谈吗?

(4) 电子支票是网络银行常用的支付工具。

(5) 你们是一般采用哪种付款方式呢?

제5과

(연습)

1. (1) 不知道 (2) 都有 (3) 常用 (4) 不少 (5) 也是
2. (1) 你能不能详细地给我介绍一下中国菜?

(2) 我一定要尝一尝这些中国名菜。

(3) 根据不同的特点把它们分成菜系。

(4) 中国的年轻人喜欢吃外国菜。

(5) 其实泰国菜也挺好吃的。

제6과

(연습)

1. (1) 不知 (2) 还有 (3) 提供 (4) 服务 (5) 打听
2. (1) 不知你们这里现在还有没有房间?

(2) 请给我留下您的姓名及电话号码。

(3) 我想明天早上早点儿退房去机场。

(4) 你去飞机场只需要一百元就够了。

(5) 那就可以坐从本店出发的大巴了。

제7과

(연습)

1. (1) 生意 (2) 还有 (3) 只有 (4) 只得 (5) 亲手
2. (1) 不知您想租什么样的房子?
   (2) 城市外围符合这条件的楼房。
   (3) 他们还以为我不愿意接待。
   (4) 老邻居都走了真有点儿舍不得。
   (5) 我签订的一年租期也快到了。

제8과

(연습)

1. (1) 别有 (2) 也是 (3) 着急 (4) 还是 (5) 一起
2. (1) 卧铺车厢的人数只有硬座车的一半。
   (2) 可以保证每个人都有地方放行李。
   (3) 你以为中国人都那么有钱吗?
   (4) 我们今天还没做长途旅行的准备。
   (5) 从这儿一直往前走就是东方明珠了。

제9과

(연습)

1. (1) 不太 (2) 差不多 (3) 很多 (4) 明显地 (5) 有什么
2. (1) 北京话和普通话什么地方不一样?
   (2) 您能不能具体地给我讲一下?
   (3) 每次说话之前还要想这么多问题。
   (4) 商务汉语这个概念出现的很晚。
   (5) 现在的商务汉语都包括哪些内容?

제10과

(연습)

1. (1) 每到 (2) 要么 (3) 野营 (4) 不仅仅 (5) 可以
2. (1) 发达国家的人差不多都这样。
   (2) 暑假的时候最好不要去大学访问。
   (3) 你们休闲的时候一般都做什么?
   (4) 休闲并不给你带来新的财富。
   (5) 人们常常为休闲和工作的关系发生争论。

제11과

(연습)

1. (1) 就是 (2) 几乎 (3) 成为 (4) 连起来 (5) 更加
2. (1) 在传统节日中最重要的是哪个?
   (2) 韩国的传统节日也和我们一样。
   (3) 不过中秋节也是最重要的节日之一。
   (4) 黄金周很受普通劳动者的欢迎。
   (5) 是否也会出现社会上的不便?

제12과

(연습)

1. (1) 怎么 (2) 应该 (3) 就行 (4) 越是 (5) 都是
2. (1) 最好等主陪和主客坐好以后再就座。
   (2) 也许是受儒教文化的缘故吧！
   (3) 主人对面的人是负责宴会的人。
   (4) 外国人在中国不用担心不懂礼仪。
   (5) 中国的传统礼仪已经都西化了。

제13과

(연습)

1. (1) 应该 (2) 相处 (3) 就是 (4) 好像 (5) 不过
2. (1) 明天我们相处多年的公司同事结婚。
   (2) 很多人都希望我参加那个婚礼。
   (3) 洞房就是刚结婚人住的房子。
   (4) 他们把学习西方礼仪当作一种时尚。
   (5) 中国确实应该认真研究一下礼仪问题。

제14과

(연습)

1. (1) 特别 (2) 各种 (3) 普通 (4) 还有 (5) 成了
2. (1) 这套夏装用的是什么面料?
   (2) 我们引进了世界一流的专用设备。
   (3) 你们这些生产线是国产的吗?
   (4) 您对我们这儿的印象如何呀?
   (5) 这就是我么的核心竞争力。

제15과

(연습)

1. (1) 总说 (2) 这些 (3) 差不多 (4) 保留着 (5) 只有
2. (1) 现在中国的人均GDP也不低。
   (2) 比起改革开放初期当然高了不少。
   (3) 现在还没有进入发达国家的行列。
   (4) 它们曾经是中国消费者向往的地方。
   (5) 人们对贸易的理解也更加深刻了。

제16과

(연습)

1. (1) 这样 (2) 不是 (3) 应该 (4) 着急 (5) 要求

2. (1) 国内市场经常受到国际的影响。
   (2) 制定政策是很麻烦的事。
   (3) 大概他们觉得自己比别人聪明。
   (4) 外国人休假的时候中国人工作。
   (5) 我们应该更好地继承优良传统。

제17과

(연습)

1. (1) 记得住 (2) 后来 (3) 麻烦 (4) 不如 (5) 觉得

2. (1) 我们认为经济政策都很重要。
   (2) 外国人想了解政策比中国人难多了。
   (3) 重要的涉外经济政策都有外文翻译。
   (4) 逐步调整后大家交一样的税。
   (5) 中国还是缺乏高端技术的国家。

제18과

(연습)

1. (1) 都有 (2) 不一样 (3) 类似 (4) 应该 (5) 适应

2. (1) 不知中国的行政区是怎么划分的?
   (2) 这些行政区间都有不同的等级。
   (3) 它们都享有什么样的权力呢?
   (4) 要是看人口质量就是有问题了。
   (5) 很多国家人口老龄化问题也很严重。

제19과

(연습)

1. (1) 是个 (2) 近到 (3) 喜欢 (4) 成为 (5) 可以
2. (1) 这些不是笑话，而是真的。
   (2) 周日晚上再坐船回去上班。
   (3) 韩国人在青岛不用担心不会说中国话。
   (4) 上海拥有一大批优秀的金融人才。
   (5) 北京是中国的政治、经济、文化中心。

제20과

(연습)

1. (1) 好像 (2) 大力 (3) 很多 (4) 常常 (5) 也就是
2. (1) 最主要的原因还是土地制度。
   (2) 现在国家允许买卖土地使用权。
   (3) 招工难是公司招不到想要的人。
   (4) 中国高校也不太重视这方面的培养。
   (5) 现在也有不少人愿意学习技术工作。

3. 단어 색인

向往 xiàngwǎng ················ 15
销售部 xiāoshòubù ················ 1
消失 xiāoshī ······················ 12
消费观念 xiāofèiguānniàn ········ 15
消费者 xiāofèizhě ················ 17
小商贩 xiǎoshāngfàn ·············· 9
笑话 xiàohuà ······················ 19
西餐 xīcān ························ 5
西化 xīhuà ························ 12
希尔顿饭店 xī'ěrdùnfàndiàn ·········· 6
希望 xīwàng ······················ 13
吸引外资 xīyǐnwàizī ················ 19
习惯 xíguàn ······················ 11
心意 xīnyì ························ 13
心情 xīnqíng ······················ 16
心理 xīnlǐ ························ 16
新郎 xīnláng ······················ 13
新娘 xīnniáng ···················· 13
信心 xìnxīn ······················ 14
行政区域 xíngzhèngqūyù ·········· 18
幸会 xìnghuì ······················ 1
性格 xìnggé ······················ 16
系统 xìtǒng ······················ 4
休闲 xiūxián ···················· 10
袖手旁观 xiùshǒupángguān ········ 2
须知 xūzhī ························ 6
学者 xuézhě ······················ 13
询价 xúnjià ························ 4

Y

押金 yājīn ························ 6
邀请 yāoqǐng ······················ 1
研究 yánjiū ························ 13
严格 yángé ························ 10
严重问题 yánzhòngwèntí ·········· 16
沿海地区 yánhǎidìqū ·············· 19
演员 yǎnyuán ······················ 10
亚洲 yàzhōu ······················ 10
野营 yěyíng ······················ 10
也许 yěxǔ ························ 12
页面 yèmiàn ······················ 4
姨 yí ································ 9
遗憾 yíhàn ························ 12
一定 yídìng ························ 5
一提 yìtí ···························· 2
一直 yìzhí ························ 10
阴凉 yīnliáng ······················ 10
阴历 yīnlì ························ 11
引起 yǐnqǐ ························ 17
印象 yìnxiàng ···················· 14
应该 yīnggāi ······················ 13
影响 yǐngxiǎng ···················· 5
硬座票 yìngzuòpiào ················ 8
以为 yǐwéi ························ 7
意味着 yìwèizhe ·················· 4
优惠 yōuhuì ························ 2
优越性 yōuyuèxìng ················ 4
优良传统 yōuliángchuántǒng ···· 16
优秀 yōuxiù ························ 19
游泳池 yóuyǒngchí ················ 6
有何 yǒuhé ························ 2
有关 yǒuguān ······················ 16
诱人 yòurén ························ 2
右边 yòubiān ······················ 12
愉悦 yúyuè ························ 10
雨天 yǔtiān ························ 1
缘份 yuánfèn ······················ 1
缘故 yuángù ······················ 12
愿意 yuànyì ························ 20
约束 yuēshù ························ 10
粤菜 yuècài ························ 5
月租费 yuèzūfèi ···················· 7
越来越多 yuèláiyuèduō ·············· 9
愉快 yúkuài ························ 1
允许 yǔnxǔ ························ 2
与众不同 yǔzhòngbùtóng ·········· 2

저자 약력

■ **이 영 철**

- 중국 연변대학교 汉语학과 졸업
- 한국 명지대학교 경제학 석사, 박사
- 现 한국 장안대학교 관광비즈니스 중국어학과 교수

종합 비즈니스 중국어회화 - CD 수록

초 판 1쇄 인쇄 —— 2018년 2월 1일
초 판 1쇄 발행 —— 2018년 2월 5일
지은이 —— 이 영 철
펴낸이 —— 전 두 표
펴낸곳 —— 도서출판 **두남**
서울시 강동구 성내로6길 34-16 두남빌딩
신 고 : 제25100-1988-9호
TEL : 02) 478-2065~7, 2311
FAX : 02) 478-2068
E-mail : dunam1@unitel.co.kr
http://www.dunam.co.kr

정가 20,000원

ISBN 978-89-6414-770-2 18720